The Call of Cthulhu & The Colour Out of Space

La llamada de Cthulhu & El color que cayó del cielo

[Bilingual Edition]

English – Spanish

by H. P. Lovecraft

Translated by Möwenstein

ISBN: 979-8-89513-240-1

Original texts: *The Call of Cthulhu* (1928) and *The Colour Out of Space* (1927) by H. P. Lovecraft (1890-1937)

Cover Art: Inspired by *Hustling Sunlight* by Matthew Bakkom (www.hustlingsunlight.xyz)

Möwenstein Books™ is a trademark of and imprint published by Mowenstein Books LLC.

For permissions or inquiries:

Website: mowenstein.com
Email: copyright@mowenstein.com

Mowenstein Books LLC
DE, USA

Contents

The Call of Cthulhu

La llamada de Cthulhu

The CALL of CTHULHU

La LLAMADA de CTHULHU

1.1 "Of such great powers or beings there may be conceivably a survival ...a survival of a hugely remote period when ...consciousness was manifested, perhaps, in shapes and forms long since withdrawn before the tide of advancing humanity ...forms of which poetry and legend alone have caught a flying memory and called them gods, monsters, mythical beings of all sorts and kinds ..."

"De tales grandes poderes o seres puede concebirse una supervivencia ...una supervivencia de un periodo enormemente remoto en el que ...la conciencia se manifestaba, tal vez, en formas y figuras retiradas hace tiempo ante la marea del avance de la humanidad ...formas de las que sólo la poesía y la leyenda han atrapado un recuerdo volador y las han llamado dioses, monstruos, seres míticos de todo tipo y ..."

2.1 – **Algernon Blackwood.**

– Algernon Blackwood.

"The ring of worshipers moved in endless bacchanale between the ring of bodies and the ring of fire." 4.1

"El anillo de los adoradores se movía en una bacanal sin fin entre el anillo de los cuerpos y el anillo de fuego."

---

1. The Horror in Clay. 6.1

1. El horror en la arcilla.

The most merciful thing in the world, I think, is the inability of the human mind to correlate all its contents. 7.1

Lo más misericordioso del mundo, creo, es la incapacidad de la mente humana para correlacionar todos sus contenidos.

7.2 We live on a placid island of ignorance in the midst of black seas of infinity,

Vivimos en una plácida isla de ignorancia en medio de los negros mares del infinito,

7.3 and it was not meant that we should voyage far.

y no estaba previsto que viajáramos muy lejos.

7.4 The sciences, each straining in its own direction, have hitherto harmed us little;

Las ciencias, cada una en su propia dirección, nos han hecho poco daño hasta ahora;

7.5 but some day the piecing together of dissociated knowledge will open up such terrifying vistas of reality, and of our frightful position therein, that we shall either go mad from the revelation or flee from the deadly light into the peace and safety of a new dark age.

pero algún día, la unión de conocimientos disociados abrirá perspectivas tan aterradoras de la realidad, y de nuestra espantosa posición en ella, que nos volveremos locos por la revelación o huiremos de la luz mortal hacia la paz y la seguridad de una nueva era oscura.

8.1 Theosophists have guessed at the awesome grandeur of the cosmic cycle wherein our world and human race form transient incidents.

Los teósofos han adivinado la impresionante grandeza del ciclo cósmico en el que nuestro mundo y la raza humana forman incidentes transitorios.

They have hinted at strange survivals in terms which would freeze the blood if not masked by a bland optimism. 8.2

Han insinuado extrañas supervivencias en términos que helarían la sangre si no estuvieran enmascarados por un anodino optimismo.

But it is not from them that there came the single glimpse of forbidden eons which chills me when I think of it and maddens me when I dream of it. 8.3

Pero no es de ellos de donde procede el único atisbo de eones prohibidos que me hiela cuando pienso en él y me enloquece cuando sueño con él.

That glimpse, like all dread glimpses of truth, flashed out from an accidental piecing together of separated things — in this case an old newspaper item and the notes of a dead professor. 8.4

Ese atisbo, como todos los atisbos terribles de la verdad, surgió de una unión accidental de cosas separadas, en este caso un viejo artículo de periódico y las notas de un profesor fallecido.

I hope that no one else will accomplish this piecing out; 8.5

Espero que nadie más logre este ensamblaje;

certainly, if I live, I shall never knowingly supply a link in so hideous a chain. 8.6

ciertamente, si vivo, nunca proporcionaré a sabiendas un eslabón de una cadena tan horrible.

8.7 I think that the professor, too, intended to keep silent regarding the part he knew, and that he would have destroyed his notes had not sudden death seized him.

Creo que el profesor también tenía la intención de guardar silencio sobre la parte que conocía, y que habría destruido sus notas si no le hubiera sorprendido la muerte repentina.

9.1 My knowledge of the thing began in the winter of 1926-27 with the death of my grand-uncle, George Gammell Angell, Professor Emeritus of Semitic languages in Brown University, Providence, Rhode Island.

Mi conocimiento del asunto comenzó en el invierno de 1926-27 con la muerte de mi tío abuelo, George Gammell Angell, profesor emérito de lenguas semíticas en la Universidad de Brown, Providence, Rhode Island.

9.2 Professor Angell was widely known as an authority on ancient inscriptions,

El profesor Angell era ampliamente conocido como una autoridad en inscripciones antiguas,

9.3 and had frequently been resorted to by the heads of prominent museums;

y los directores de museos prominentes habían recurrido a él con frecuencia;

9.4 so that his passing at the age of ninety-two may be recalled by many.

de modo que su fallecimiento a la edad de noventa y dos años puede ser recordado por muchos.

9.5 Locally,

A nivel local,

interest was intensified by the obscurity of the cause of death.

9.6

el interés se intensificó por la oscuridad de la causa de la muerte.

The professor had been stricken whilst returning from the Newport boat;

9.7

El profesor había sido golpeado mientras regresaba del barco de Newport;

falling suddenly, as witnesses said, after having been jostled by a nautical-looking negro who had come from one of the queer dark courts on the precipitous hillside which formed a short cut from the waterfront to the deceased's home in Williams Street.

9.8

cayendo repentinamente, como dijeron los testigos, después de haber sido empujado por un negro de aspecto náutico que venía de uno de los extraños patios oscuros en la ladera escarpada que formaba un atajo desde el paseo marítimo hasta la casa del difunto en Williams Street.

Physicians were unable to find any visible disorder, but concluded after perplexed debate that some obscure lesion of the heart, induced by the brisk ascent of so steep a hill by so elderly a man, was responsible for the end.

9.9

Los médicos fueron incapaces de encontrar ningún trastorno visible, pero llegaron a la conclusión, tras un perplejo debate, de que alguna oscura lesión del corazón, inducida por el rápido ascenso de una colina tan empinada por un hombre tan anciano, era la responsable del final.

9.10 At the time I saw no reason to dissent from this dictum, but latterly I am inclined to wonder — and more than wonder.

En aquel momento no vi ninguna razón para disentir de este dictamen, pero ahora me siento inclinado a dudar, y más que a dudar.

10.1 As my granduncle's heir and executor, for he died a childless widower, I was expected to go over his papers with some thoroughness; and for that purpose moved his entire set of files and boxes to my quarters in Boston.

Como heredero y albacea de mi tío abuelo, ya que murió viudo y sin hijos, se esperaba de mí que revisara sus papeles con cierta minuciosidad, y para ello trasladé todo su conjunto de archivos y cajas a mis aposentos de Boston.

10.2 Much of the material which I correlated will be later published by the American Archeological Society, but there was one box which I found exceedingly puzzling, and which I felt much averse from showing to other eyes.

Gran parte del material que correlacioné será publicado más tarde por la Sociedad Arqueológica Americana, pero había una caja que me pareció sumamente desconcertante y que me daba mucho reparo mostrar a otros ojos.

10.3 It had been locked, and I did not find the key till it occurred to me to examine the personal ring which the professor carried always in his pocket.

Estaba cerrada y no encontré la llave hasta que se me ocurrió examinar el anillo personal que el profesor llevaba siempre en el bolsillo.

Then, indeed, I succeeded in opening it, but when I did so seemed only to be confronted by a greater and more closely locked barrier. 10.4

Entonces, en efecto, logré abrirlo, pero cuando lo hice sólo me pareció encontrarme ante una barrera mayor y más estrechamente cerrada.

For what could be the meaning of the queer clay bas-relief and the disjointed jottings, ramblings, and cuttings which I found? 10.5

¿Qué significaban el extraño bajorrelieve de arcilla y los inconexos apuntes, divagaciones y recortes que encontré?

Had my uncle, in his latter years, become credulous of the most superficial impostures? 10.6

¿Se había vuelto mi tío, en sus últimos años, crédulo de las más superficiales imposturas?

I resolved to search out the eccentric sculptor responsible for this apparent disturbance of an old man's peace of mind. 10.7

Decidí buscar al excéntrico escultor responsable de esta aparente perturbación de la paz mental de un anciano.

The bas-relief was a rough rectangle less than an inch thick and about five by six inches in area; 11.1

El bajorrelieve era un rectángulo rugoso de menos de un centímetro de grosor y de unos cinco por seis centímetros de superficie;

obviously of modern origin. 11.2

obviamente, de origen moderno.

Its designs, however, were far from modern in atmosphere and suggestion; 11.3

Sus diseños, sin embargo, distaban mucho de ser modernos en atmósfera y sugerencia;

11.4   for, although the vagaries of cubism and futurism
       are many and wild, they do not often reproduce that
       cryptic regularity which lurks in prehistoric writing.
       pues, aunque los caprichos del cubismo y el futurismo
       son muchos y salvajes, no suelen reproducir esa críptica
       regularidad que acecha en la escritura prehistórica.

11.5   And writing of some kind the bulk of these designs
       seemed certainly to be; though my memory, despite
       much familiarity with the papers and collections of
       my uncle, failed in any way to identify this particular
       species, or even hint at its remotest affiliations.
       Y la mayor parte de estos diseños parecían ser algún tipo
       de escritura, aunque mi memoria, a pesar de estar muy
       familiarizada con los papeles y colecciones de mi tío, no
       pudo identificar esta especie en particular, ni siquiera
       insinuar sus más remotas afiliaciones.

12.1   Above these apparent hieroglyphics was a figure of
       evidently pictorial intent,
       Encima de estos aparentes jeroglíficos había una figura de
       evidente intención pictórica,

12.2   though its impressionistic execution forbade a very
       clear idea of its nature.
       aunque su ejecución impresionista impedía hacerse una
       idea muy clara de su naturaleza.

12.3   It seemed to be a sort of monster, or symbol
       representing a monster, of a form which only a
       diseased fancy could conceive.
       Parecía una especie de monstruo, o un símbolo que
       representaba a un monstruo, de una forma que sólo una
       fantasía enferma podía concebir.

If I say that my somewhat extravagant imagination yielded simultaneous pictures of an octopus, a dragon, and a human caricature, I shall not be unfaithful to the spirit of the thing.

12.4

Si digo que mi imaginación, un tanto extravagante, me proporcionó imágenes simultáneas de un pulpo, un dragón y una caricatura humana, no seré infiel al espíritu del asunto.

A pulpy, tentacled head surmounted a grotesque and scaly body with rudimentary wings;

12.5

Una cabeza pulposa y con tentáculos coronaba un cuerpo grotesco y escamoso con alas rudimentarias;

but it was the general outline of the whole which made it most shockingly frightful.

12.6

pero era el contorno general del conjunto lo que lo hacía más espantosamente chocante.

Behind the figure was a vague suggestion of a Cyclopean architectural background.

12.7

Detrás de la figura había una vaga sugerencia de un fondo arquitectónico ciclópeo.

The writing accompanying this oddity was, aside from a stack of press cuttings, in Professor Angell's most recent hand;

13.1

La escritura que acompañaba a esta rareza era, aparte de un montón de recortes de prensa, de la mano más reciente del profesor Angell;

and made no pretense to literary style.

13.2

y no hacía ninguna pretensión de estilo literario.

13.3 What seemed to be the main document was headed "CTHULHU CULT" in characters painstakingly printed to avoid the erroneous reading of a word so unheard-of.

Lo que parecía ser el documento principal llevaba por encabezamiento "CTHULHU CULT", en caracteres minuciosamente impresos para evitar la lectura errónea de una palabra tan inaudita.

13.4 This manuscript was divided into two sections,

Este manuscrito estaba dividido en dos secciones,

13.5 the first of which was headed

la primera de las cuales se titulaba

13.6 "1925 — Dream and Dream Work of H. A. Wilcox, 7 Thomas St., Providence, R. I.,"

"1925 — Sueño y obra onírica de H. A. Wilcox, 7 Thomas St., Providence, R. I.,"

13.7 and the second,

y la segunda,

13.8 "Narrative of Inspector John R. Legrasse, 121 Bienville St., New Orleans, La.,

"Narrativa del inspector John R. Legrasse, 121 Bienville St., Nueva Orleans, La.,

13.9 at 1908 A. A. S. Mtg — Notes on Same, & Prof.

en 1908 A. A. S. Mtg — Notes on Same, & Prof.

13.10 Webb's Acct."

Webb's Acct."

13.11 The other manuscript papers were all brief notes,

Los otros papeles manuscritos eran todos notas breves,

some of them accounts of the queer dreams of different persons, 13.12

algunas de ellas relatos de los sueños extraños de diferentes personas,

some of them citations from theosophical books and magazines (notably W. Scott-Eliott's Atlantis and the Lost Lemuria), 13.13

algunas de ellas citas de libros y revistas teosóficas (especialmente Atlantis y la Lemuria Perdida de W. Scott-Eliott),

and the rest comments on long-surviving secret societies and hidden cults, 13.14

y el resto comentarios sobre sociedades secretas y cultos ocultos que han sobrevivido durante mucho tiempo,

with references to passages in such mythological and anthropological source-books as Frazer's Golden Bough and Miss Murray's Witch-Cult in Western Europe. 13.15

con referencias a pasajes de libros de fuentes mitológicas y antropológicas como La Rama Dorada de Frazer y El Culto de la Bruja en Europa Occidental de la Srta. Murray.

The cuttings largely alluded to outré mental illnesses and outbreaks of group folly or mania in the spring of 1925. 13.16

Los recortes aludían en gran medida a enfermedades mentales extravagantes y brotes de locura o manía grupal en la primavera de 1925.

15.1 The first half of the principal manuscript told a very peculiar tale.

La primera mitad del manuscrito principal contaba una historia muy peculiar.

15.2 It appears that on March 1st, 1925, a thin, dark young man of neurotic and excited aspect had called upon Professor Angell bearing the singular clay bas-relief, which was then exceedingly damp and fresh.

Al parecer, el 1 de marzo de 1925, un joven delgado y moreno, de aspecto neurótico y excitado, había llamado al profesor Angell portando el singular bajorrelieve de arcilla, que entonces estaba sumamente húmedo y fresco.

15.3 His card bore the name of Henry Anthony Wilcox, and my uncle had recognized him as the youngest son of an excellent family slightly known to him, who had latterly been studying sculpture at the Rhode Island School of Design and living alone at the Fleur-de-Lys Building near that institution.

Su tarjeta llevaba el nombre de Henry Anthony Wilcox, y mi tío lo había reconocido como el hijo menor de una excelente familia ligeramente conocida por él, que últimamente había estado estudiando escultura en la Escuela de Diseño de Rhode Island y vivía solo en el edificio Fleur-de-Lys, cerca de dicha institución.

15.4 Wilcox was a precocious youth of known genius but great eccentricity,

Wilcox era un joven precoz de conocido genio pero gran excentricidad,

15.5 and had from childhood excited attention through the strange stories and odd dreams he was in the habit of relating.

y desde niño había llamado la atención por las extrañas historias y extraños sueños que tenía por costumbre relatar.

He called himself "psychically hypersensitive", 15.6
Se definía a sí mismo como "psíquicamente hipersensible",

but the staid folk of the ancient commercial city 15.7
dismissed him as merely
pero la gente de la antigua ciudad comercial lo rechazaba
por considerarlo simplemente

"queer". 15.8
"raro".

Never mingling much with his kind, he had dropped 15.9
gradually from social visibility, and was now known
only to a small group of esthetes from other towns.
Como nunca se relacionaba mucho con los de su clase,
había ido perdiendo visibilidad social y ahora sólo lo
conocía un pequeño grupo de estetas de otras ciudades.

Even the Providence Art Club, anxious to preserve its 15.10
conservatism, had found him quite hopeless.
Incluso el Club de Arte de Providence, ansioso por
preservar su conservadurismo, lo había encontrado
bastante inútil.

On the occasion of the visit, ran the professor's 16.1
manuscript, the sculptor abruptly asked for the
benefit of his host's archeological knowledge in
identifying the hieroglyphics on the bas-relief.
Con ocasión de la visita, el escultor se dirigió bruscamente
al manuscrito del profesor solicitando los conocimientos
arqueológicos de su anfitrión para identificar los
jeroglíficos del bajorrelieve.

He spoke in a dreamy, stilted manner which 16.2
suggested pose and alienated sympathy;
Hablaba de una manera soñadora y rebuscada que sugería
pose y alienaba la simpatía;

16.3   and my uncle showed some sharpness in replying,
       y mi tío mostró cierta agudeza al replicar,

16.4   for the conspicuous freshness of the tablet implied
       kinship with anything but archeology.
       pues la llamativa frescura de la tablilla implicaba
       parentesco con cualquier cosa menos con la arqueología.

16.5   Young Wilcox's rejoinder, which impressed my uncle
       enough to make him recall and record it verbatim,
       was of a fantastically poetic cast which must have
       typified his whole conversation, and which I have
       since found highly characteristic of him.
       La réplica del joven Wilcox, que impresionó a mi tío
       lo suficiente como para que la recordara y la anotara
       textualmente, tuvo un cariz fantásticamente poético
       que debió de tipificar toda su conversación y que desde
       entonces me ha parecido muy característico de él.

16.6   He said,
       Dijo:

16.7   "It is new, indeed, for I made it last night in a dream
       of strange cities;
       "Es nuevo, en efecto, porque lo hice anoche en un sueño de
       ciudades extrañas;

16.8   and dreams are older than brooding Tyre, or the
       contemplative Sphinx, or garden-girdled Babylon."
       y los sueños son más antiguos que la melancólica Tiro, o la
       contemplativa Esfinge, o la Babilonia de los jardines."

It was then that he began that rambling tale which 17.1
suddenly played upon a sleeping memory and won
the fevered interest of my uncle.
Fue entonces cuando comenzó aquel relato incoherente que
de pronto jugó con una memoria dormida y se ganó el febril
interés de mi tío.

There had been a slight earthquake tremor the night 17.2
before,
La noche anterior se había producido un leve temblor de
tierra,

the most considerable felt in New England for some 17.3
years;
el más considerable que se había sentido en Nueva
Inglaterra durante algunos años;

and Wilcox's imagination had been keenly affected. 17.4
y la imaginación de Wilcox se había visto muy afectada.

Upon retiring, he had had an unprecedented dream 17.5
of great Cyclopean cities of Titan blocks and sky-
flung monoliths, all dripping with green ooze and
sinister with latent horror.
Al retirarse, había tenido un sueño sin precedentes de
grandes ciudades ciclópeas de bloques de Titán y monolitos
suspendidos en el cielo, todo goteante de rezume verde y
siniestro de horror latente.

Hieroglyphics had covered the walls and pillars, 17.6
Las paredes y los pilares estaban cubiertos de jeroglíficos,

and from some undetermined point below had come 17.7
a voice that was not a voice;
y desde algún punto indeterminado de abajo llegaba una
voz que no era una voz;

17.8 a chaotic sensation which only fancy could transmute into sound, but which he attempted to render by the almost unpronounceable jumble of letters,

una sensación caótica que sólo la fantasía podía transmutar en sonido, pero que él trató de traducir por el casi impronunciable amasijo de letras,

17.9 "Cthulhu fhtagn".

"Cthulhu fhtagn".

18.1 This verbal jumble was the key to the recollection which excited and disturbed Professor Angell.

Este revoltijo verbal era la clave del recuerdo que excitaba y perturbaba al profesor Angell.

18.2 He questioned the sculptor with scientific minuteness; and studied with almost frantic intensity the bas-relief on which the youth had found himself working, chilled and clad only in his nightclothes, when waking had stolen bewilderingly over him.

Interrogó al escultor con minuciosidad científica y estudió con intensidad casi frenética el bajorrelieve en el que el joven se había encontrado trabajando, aterido de frío y vestido sólo con su ropa de dormir, cuando el despertar le había invadido desconcertantemente.

18.3 My uncle blamed his old age, Wilcox afterward said, for his slowness in recognizing both hieroglyphics and pictorial design.

Mi tío achacaba a su avanzada edad, según dijo Wilcox más tarde, su lentitud para reconocer tanto los jeroglíficos como el diseño pictórico.

Many of his questions seemed highly out of place to his visitor, 18.4

Muchas de sus preguntas parecían muy fuera de lugar para su visitante,

especially those which tried to connect the latter with strange cults or societies; 18.5

especialmente las que intentaban relacionar a éste con cultos o sociedades extrañas;

and Wilcox could not understand the repeated promises of silence which he was offered in exchange for an admission of membership in some widespread mystical or paganly religious body. 18.6

y Wilcox no podía entender las repetidas promesas de silencio que le ofrecían a cambio de que admitiera su pertenencia a algún cuerpo místico o pagano religioso muy extendido.

When Professor Angell became convinced that the sculptor was indeed ignorant of any cult or system of cryptic lore, 18.7

Cuando el profesor Angell se convenció de que el escultor ignoraba realmente cualquier culto o sistema de sabiduría críptica,

he besieged his visitor with demands for future reports of dreams. 18.8

asedió a su visitante con peticiones de futuros informes de sueños.

18.9 This bore regular fruit, for after the first interview the manuscript records daily calls of the young man, during which he related startling fragments of nocturnal imagery whose burden was always some terrible Cyclopean vista of dark and dripping stone, with a subterrene voice or intelligence shouting monotonously in enigmatical sense-impacts uninscribable save as gibberish.

Después de la primera entrevista, el manuscrito recoge las llamadas diarias del joven, en las que relataba sorprendentes fragmentos de imágenes nocturnas cuyo peso era siempre alguna terrible vista ciclópea de piedra oscura y goteante, con una voz o inteligencia subterránea que gritaba monótonamente en enigmáticos impactos de sentido que no se pueden inscribir más que como un galimatías.

18.10 The two sounds most frequently repeated are those rendered by the letters

Los dos sonidos que más se repiten son los de las letras

18.11 "Cthulhu" and "R'lyeh".

"Cthulhu" y "R'lyeh".

19.1 On March 23rd, the manuscript continued, Wilcox failed to appear; and inquiries at his quarters revealed that he had been stricken with an obscure sort of fever and taken to the home of his family in Waterman Street.

El 23 de marzo, continuaba el manuscrito, Wilcox no apareció, y las indagaciones en sus aposentos revelaron que había sido aquejado de un tipo oscuro de fiebre y llevado a casa de su familia en Waterman Street.

He had cried out in the night, arousing several other   19.2
artists in the building, and had manifested since then
only alternations of unconsciousness and delirium.
Había gritado por la noche, despertando a otros artistas
del edificio, y desde entonces sólo había manifestado
alternancias de inconsciencia y delirio.

My uncle at once telephoned the family, and from   19.3
that time forward kept close watch of the case;
calling often at the Thayer Street office of Dr. Tobey,
whom he learned to be in charge.
Mi tío telefoneó inmediatamente a la familia, y desde
entonces vigiló de cerca el caso, pasando a menudo por la
consulta del Dr. Tobey, de la calle Thayer, de quien supo
que estaba al cargo.

The youth's febrile mind, apparently, was dwelling   19.4
on strange things; and the doctor shuddered now and
then as he spoke of them.
La mente febril del joven, por lo visto, pensaba en cosas
extrañas, y el doctor se estremecía de vez en cuando al
hablar de ellas.

They included not only a repetition of what he had   19.5
formerly dreamed,
Incluían no sólo una repetición de lo que había soñado
anteriormente,

but touched wildly on a gigantic thing   19.6
sino que se referían salvajemente a una cosa gigantesca de

"miles high" which walked or lumbered about.   19.7
"kilómetros de altura" que caminaba o se arrastraba.

19.8 He at no time fully described this object, but occasional frantic words, as repeated by Dr. Tobey, convinced the professor that it must be identical with the nameless monstrosity he had sought to depict in his dream-sculpture.

En ningún momento describió completamente este objeto, pero algunas palabras frenéticas, repetidas por el Dr. Tobey, convencieron al profesor de que debía ser idéntico a la monstruosidad sin nombre que había intentado representar en su sueño-escultura.

19.9 Reference to this object, the doctor added, was invariably a prelude to the young man's subsidence into lethargy.

La referencia a este objeto, añadió el doctor, era invariablemente el preludio del hundimiento del joven en el letargo.

19.10 His temperature, oddly enough, was not greatly above normal;

Su temperatura, por extraño que parezca, no era muy superior a la normal;

19.11 but the whole condition was otherwise such as to suggest true fever rather than mental disorder.

pero el estado general era tal que sugería fiebre verdadera más que trastorno mental.

20.1 On April 2nd at about 3 p. m. every trace of Wilcox's malady suddenly ceased.

El 2 de abril, a eso de las tres de la tarde, cesó de repente todo rastro de la enfermedad de Wilcox.

20.2 He sat upright in bed,

Se sentó erguido en la cama,

astonished to find himself at home and completely 20.3
ignorant of what had happened in dream or reality
since the night of March 22nd.
asombrado de encontrarse en casa y completamente
ignorante de lo que había sucedido en sueños o en la
realidad desde la noche del 22 de marzo.

Pronounced well by his physician, 20.4
Declarado sano por su médico,

he returned to his quarters in three days; 20.5
regresó a sus aposentos al cabo de tres días;

but to Professor Angell he was of no further 20.6
assistance.
pero al profesor Angell ya no le sirvió de nada.

All traces of strange dreaming had vanished with his 20.7
recovery,
Todo rastro de sueños extraños había desaparecido con su
recuperación,

and my uncle kept no record of his night-thoughts 20.8
after a week of pointless and irrelevant accounts of
thoroughly usual visions.
y mi tío no guardó ningún registro de sus pensamientos
nocturnos después de una semana de relatos inútiles e
irrelevantes de visiones completamente habituales.

22.1 Here the first part of the manuscript ended, but references to certain of the scattered notes gave me much material for thought — so much, in fact, that only the ingrained skepticism then forming my philosophy can account for my continued distrust of the artist.

Aquí terminaba la primera parte del manuscrito, pero las referencias a ciertas notas dispersas me dieron mucho material para reflexionar, tanto, de hecho, que sólo el arraigado escepticismo que entonces formaba mi filosofía puede explicar mi continua desconfianza hacia el artista.

22.2 The notes in question were those descriptive of the dreams of various persons covering the same period as that in which young Wilcox had had his strange visitations.

Las notas en cuestión eran las descriptivas de los sueños de varias personas que abarcaban el mismo período en que el joven Wilcox había tenido sus extrañas visitas.

22.3 My uncle, it seems, had quickly instituted a prodigiously far-flung body of inquiries amongst nearly all the friends whom he could question without impertinence, asking for nightly reports of their dreams, and the dates of any notable visions for some time past.

Mi tío, al parecer, había iniciado rápidamente una prodigiosa serie de indagaciones entre casi todos los amigos a quienes podía interrogar sin impertinencia, pidiéndoles informes nocturnos de sus sueños y las fechas de cualquier visión notable durante algún tiempo.

22.4 The reception of his request seems to have been varied;

La recepción de su petición parece haber sido variada;

but he must, at the very least, have received more responses than any ordinary man could have handled without a secretary.

22.5

pero debe, al menos, haber recibido más respuestas de las que cualquier hombre ordinario podría haber manejado sin un secretario.

This original correspondence was not preserved,

22.6

Esta correspondencia original no se conservó,

but his notes formed a thorough and really significant digest.

22.7

pero sus notas formaron un compendio minucioso y realmente significativo.

Average people in society and business — New England's traditional "salt of the earth" — gave an almost completely negative result, though scattered cases of uneasy but formless nocturnal impressions appear here and there, always between March 23rd and April 2nd — the period of young Wilcox's delirium.

22.8

La gente corriente de la sociedad y los negocios - la tradicional "sal de la tierra" de Nueva Inglaterra - dio un resultado casi completamente negativo, aunque aquí y allá aparecen casos dispersos de impresiones nocturnas inquietantes pero sin forma, siempre entre el 23 de marzo y el 2 de abril, el período del delirio del joven Wilcox.

Scientific men were little more affected, though four cases of vague description suggest fugitive glimpses of strange landscapes, and in one case there is mentioned a dread of something abnormal.

22.9

Los hombres de ciencia se vieron poco más afectados, aunque cuatro casos de vaga descripción sugieren vislumbres fugitivas de paisajes extraños, y en un caso se menciona el temor a algo anormal.

23.1 It was from the artists and poets that the pertinent answers came,

Las respuestas pertinentes vinieron de los artistas y poetas,

23.2 and I know that panic would have broken loose had they been able to compare notes.

y sé que se habría desatado el pánico si hubieran podido comparar notas.

23.3 As it was, lacking their original letters, I half suspected the compiler of having asked leading questions, or of having edited the correspondence in corroboration of what he had latently resolved to see.

Sin embargo, a falta de las cartas originales, sospeché que el compilador había hecho preguntas capciosas o que había editado la correspondencia para corroborar lo que había decidido ver.

23.4 That is why I continued to feel that Wilcox, somehow cognizant of the old data which my uncle had possessed, had been imposing on the veteran scientist.

Por eso seguía pensando que Wilcox, conocedor de algún modo de los antiguos datos que poseía mi tío, se había impuesto al veterano científico.

23.5 These responses from esthetes told a disturbing tale.

Estas respuestas de los estetas contaban una historia inquietante.

From February 28th to April 2nd a large proportion of them had dreamed very bizarre things, the intensity of the dreams being immeasurably the stronger during the period of the sculptor's delirium.

23.6

Del 28 de febrero al 2 de abril, una gran proporción de ellos había soñado cosas muy extrañas, siendo la intensidad de los sueños inconmensurablemente mayor durante el período del delirio del escultor.

Over a fourth of those who reported anything,

23.7

Más de una cuarta parte de los que informaron de algo,

reported scenes and half-sounds not unlike those which Wilcox had described;

23.8

informaron de escenas y medio sonidos no muy diferentes de los que Wilcox había descrito;

and some of the dreamers confessed acute fear of the gigantic nameless thing visible toward the last.

23.9

y algunos de los soñadores confesaron un miedo agudo a la gigantesca cosa sin nombre visible hacia el final.

One case, which the note describes with emphasis, was very sad.

23.10

Un caso, que la nota describe con énfasis, fue muy triste.

The subject, a widely known architect with leanings toward theosophy and occultism, went violently insane on the date of young Wilcox's seizure, and expired several months later after incessant screamings to be saved from some escaped denizen of hell.

23.11

El sujeto, un arquitecto muy conocido con inclinaciones hacia la teosofía y el ocultismo, enloqueció violentamente en la fecha del ataque del joven Wilcox, y expiró varios meses después tras incesantes gritos para ser salvado de algún habitante fugitivo del infierno.

23.12 **Had my uncle referred to these cases by name instead of merely by number,**
Si mi tío se hubiera referido a estos casos por su nombre y no sólo por su número,

23.13 **I should have attempted some corroboration and personal investigation;**
yo habría intentado corroborarlos e investigarlos personalmente;

23.14 **but as it was,**
pero tal como estaban las cosas,

23.15 **I succeeded in tracing down only a few.**
sólo conseguí localizar unos pocos.

23.16 **All of these, however, bore out the notes in full.**
Sin embargo, todos ellos confirmaban plenamente las notas.

23.17 **I have often wondered if all the objects of the professor's questioning felt as puzzled as did this fraction.**
A menudo me he preguntado si todos los objetos del interrogatorio del profesor se sentían tan desconcertados como esta fracción.

23.18 **It is well that no explanation shall ever reach them.**
Está bien que nunca les llegue ninguna explicación.

24.1 **The press cuttings, as I have intimated, touched on cases of panic, mania, and eccentricity during the given period.**
Los recortes de prensa, como ya he insinuado, se referían a casos de pánico, manía y excentricidad durante un período determinado.

Professor Angell must have employed a cutting bureau, for the number of extracts was tremendous, and the sources scattered throughout the globe.

24.2

El profesor Angell debió de emplear una oficina de recortes, pues el número de extractos era tremendo y las fuentes estaban dispersas por todo el globo.

Here was a nocturnal suicide in London,

24.3

Aquí había un suicidio nocturno en Londres,

where a lone sleeper had leaped from a window after a shocking cry.

24.4

donde un solitario durmiente había saltado desde una ventana tras un grito estremecedor.

Here likewise a rambling letter to the editor of a paper in South America,

24.5

Una carta incoherente al director de un periódico de Sudamérica,

where a fanatic deduces a dire future from visions he has seen.

24.6

en la que un fanático deduce un futuro funesto a partir de las visiones que ha tenido.

A dispatch from California describes a theosophist colony as donning white robes en masse for some

24.7

Un despacho de California describe una colonia teósofa que se viste en masa con túnicas blancas para una

"glorious fulfilment" which never arrives,

24.8

"gloriosa realización" que nunca llega,

whilst items from India speak guardedly of serious native unrest toward the end of March.

24.9

mientras que artículos de la India hablan con cautela de graves disturbios nativos hacia finales de marzo.

24.10 Voodoo orgies multiply in Haiti, and African outposts report ominous mutterings.

Las orgías vudú se multiplican en Haití y los puestos avanzados africanos informan de murmullos ominosos.

24.11 American officers in the Philippines find certain tribes bothersome about this time, and New York policemen are mobbed by hysterical Levantines on the night of March 22-23. The west of Ireland, too, is full of wild rumor and legendry, and a fantastic painter named Ardois-Bonnot hangs a blasphemous Dream Landscape in the Paris spring salon of 1926.

Los oficiales estadounidenses en Filipinas encuentran molestas a ciertas tribus por estas fechas, y los policías de Nueva York son asaltados por levantinos histéricos en la noche del 22 al 23 de marzo.

24.12 And so numerous are the recorded troubles in insane asylums that only a miracle can have stopped the medical fraternity from noting strange parallelisms and drawing mystified conclusions.

El oeste de Irlanda también está lleno de rumores y leyendas salvajes, y un pintor fantástico llamado Ardois-Bonnot cuelga un blasfemo Paisaje de ensueño en el salón de primavera de París de 1926.

24.13 A weird bunch of cuttings, all told; and I can at this date scarcely envisage the callous rationalism with which I set them aside.

Y son tan numerosos los problemas registrados en manicomios que sólo un milagro puede haber impedido que la fraternidad médica observara extraños paralelismos y sacara conclusiones desconcertantes.

But I was then convinced that young Wilcox had
known of the older matters mentioned by the
professor. .

24.14

Un extraño montón de recortes, todo sea dicho; y en
la actualidad apenas puedo imaginar el insensible
racionalismo con el que los dejé de lado. Pero entonces
estaba convencido de que el joven Wilcox conocía los
asuntos más antiguos mencionados por el profesor.

---

2. The Tale of Inspector Legrasse.

26.1

2. La historia del inspector Legrasse.

The older matters which had made the sculptor's
dream and bas-relief so significant to my uncle
formed the subject of the second half of his long
manuscript.

27.1

Los asuntos más antiguos que habían hecho que el sueño y
el bajorrelieve del escultor fueran tan significativos para mi
tío constituyeron el tema de la segunda mitad de su largo
manuscrito.

Once before, it appears, Professor Angell had seen
the hellish outlines of the nameless monstrosity,
puzzled over the unknown hieroglyphics, and heard
the ominous syllables which can be rendered only as

27.2

Al parecer, una vez antes el profesor Angell había visto los
contornos infernales de la monstruosidad sin nombre, se
había intrigado con los jeroglíficos desconocidos y había
oído las ominosas sílabas que sólo pueden traducirse como

"Cthulhu";

27.3

"Cthulhu";

27.4 and all this in so stirring and horrible a connection that it is small wonder he pursued young Wilcox with queries and demands for data.

y todo ello en una relación tan conmovedora y horrible que no es de extrañar que persiguiera al joven Wilcox con preguntas y peticiones de datos.

28.1 This earlier experience had come in 1908, seventeen years before, when the American Archeological Society held its annual meeting in St. Louis.

Esta experiencia anterior había tenido lugar en 1908, diecisiete años antes, cuando la Sociedad Arqueológica Americana celebró su reunión anual en San Luis.

28.2 Professor Angell, as befitted one of his authority and attainments, had had a prominent part in all the deliberations;

El profesor Angell, como correspondía a una persona de su autoridad y sus logros, había tenido un papel destacado en todas las deliberaciones;

28.3 and was one of the first to be approached by the several outsiders who took advantage of the convocation to offer questions for correct answering and problems for expert solution.

y fue uno de los primeros a los que se acercaron los varios forasteros que aprovecharon la convocatoria para ofrecer preguntas para una respuesta correcta y problemas para una solución experta.

The chief of these outsiders, and in a short time the focus of interest for the entire meeting, was a commonplace-looking middle-aged man who had traveled all the way from New Orleans for certain special information unobtainable from any local source.

29.1

El principal de estos forasteros, y en poco tiempo el centro de interés de toda la reunión, era un hombre de mediana edad y aspecto corriente que había viajado desde Nueva Orleans en busca de cierta información especial que no podía obtener de ninguna fuente local.

His name was John Raymond Legrasse, and he was by profession an inspector of police.

29.2

Se llamaba John Raymond Legrasse y era inspector de policía de profesión.

With him he bore the subject of his visit, a grotesque, repulsive, and apparently very ancient stone statuette whose origin he was at a loss to determine.

29.3

Llevaba consigo el objeto de su visita, una estatuilla de piedra grotesca, repulsiva y aparentemente muy antigua cuyo origen no podía determinar.

It must not be fancied that Inspector Legrasse had the least interest in archeology.

30.1

No hay que creer que el inspector Legrasse tuviera el menor interés por la arqueología.

On the contrary,

30.2

Al contrario,

his wish for enlightenment was prompted by purely professional considerations.

30.3

su deseo de esclarecimiento obedecía a consideraciones puramente profesionales.

30.4 The statuette, idol, fetish, or whatever it was, had been captured some months before in the wooded swamps south of New Orleans during a raid on a supposed voodoo meeting;

La estatuilla, ídolo, fetiche, o lo que fuera, había sido capturada unos meses antes en los pantanos boscosos al sur de Nueva Orleans durante una redada en una supuesta reunión vudú;

30.5 and so singular and hideous were the rites connected with it, that the police could not but realize that they had stumbled on a dark cult totally unknown to them, and infinitely more diabolic than even the blackest of the African voodoo circles.

y tan singulares y horribles eran los ritos relacionados con ella, que la policía no pudo sino darse cuenta de que habían tropezado con un culto oscuro totalmente desconocido para ellos, e infinitamente más diabólico que incluso el más negro de los círculos vudú africanos.

30.6 Of its origin, apart from the erratic and unbelievable tales extorted from the captured members, absolutely nothing was to be discovered;

De su origen, aparte de las erráticas e increíbles historias arrancadas a los miembros capturados, no se descubrió absolutamente nada;

30.7 hence the anxiety of the police for any antiquarian lore which might help them to place the frightful symbol, and through it track down the cult to its fountain-head.

de ahí la ansiedad de la policía por cualquier conocimiento antiguo que pudiera ayudarles a localizar el espantoso símbolo y, a través de él, rastrear el culto hasta su fuente.

Inspector Legrasse was scarcely prepared for the sensation which his offering created.

31.1

El inspector Legrasse apenas estaba preparado para la sensación que causó su ofrecimiento.

One sight of the thing had been enough to throw the assembled men of science into a state of tense excitement, and they lost no time in crowding around him to gaze at the diminutive figure whose utter strangeness and air of genuinely abysmal antiquity hinted so potently at unopened and archaic vistas.

31.2

Una sola visión del objeto había bastado para provocar en los hombres de ciencia reunidos un estado de tensa excitación, y no perdieron tiempo en agolparse a su alrededor para contemplar la diminuta figura, cuya absoluta extrañeza y aire de antigüedad genuinamente abismal insinuaban con tanta potencia vistas arcaicas y sin abrir.

No recognized school of sculpture had animated this terrible object,

31.3

Ninguna escuela reconocida de escultura había animado aquel terrible objeto,

yet centuries and even thousands of years seemed recorded in its dim and greenish surface of unplaceable stone.

31.4

pero siglos e incluso miles de años parecían grabados en su tenue y verdosa superficie de piedra insustituible.

32.1 The figure, which was finally passed slowly from man to man for close and careful study, was between seven and eight inches in height, and of exquisitely artistic workmanship.

La figura, que finalmente pasó lentamente de hombre a hombre para ser estudiada detenida y cuidadosamente, medía entre siete y ocho pulgadas y era de una factura exquisitamente artística.

32.2 It represented a monster of vaguely anthropoid outline, but with an octopuslike head whose face was a mass of feelers, a scaly, rubbery-looking body, prodigious claws on hind and fore feet, and long, narrow wings behind.

Representaba un monstruo de contorno vagamente antropoide, pero con una cabeza en forma de pulpo cuyo rostro era una masa de antenas, un cuerpo escamoso y de aspecto gomoso, prodigiosas garras en las patas traseras y delanteras, y largas y estrechas alas detrás.

32.3 This thing, which seemed instinct with a fearsome and unnatural malignancy, was of a somewhat bloated corpulence, and squatted evilly on a rectangular block or pedestal covered with undecipherable characters.

Esta cosa, que parecía instintiva con una malignidad temible y antinatural, era de una corpulencia algo hinchada, y estaba en cuclillas malignamente sobre un bloque rectangular o pedestal cubierto de caracteres indescifrables.

The tips of the wings touched the back edge of the   32.4
block, the seat occupied the center, whilst the long,
curved claws of the doubled-up, crouching hind legs
gripped the front edge and extended a quarter of the
way down toward the bottom of the pedestal.

Las puntas de las alas tocaban el borde posterior del
bloque, el asiento ocupaba el centro, mientras que las
largas y curvadas garras de las patas traseras, dobladas y
agazapadas, se agarraban al borde delantero y se extendían
una cuarta parte hacia la parte inferior del pedestal.

The cephalopod head was bent forward,   32.5

La cabeza del cefalópodo estaba inclinada hacia delante,

so that the ends of the facial feelers brushed the   32.6
backs of huge forepaws which clasped the croucher's
elevated knees.

de modo que los extremos de las antenas faciales rozaban
el dorso de las enormes patas delanteras que sujetaban las
elevadas rodillas del agachado.

The aspect of the whole was abnormally lifelike,   32.7

El aspecto del conjunto era anormalmente real,

and the more subtly fearful because its source was so   32.8
totally unknown.

y aún más sutilmente aterrador porque su origen era
totalmente desconocido.

Its vast, awesome, and incalculable age was   32.9
unmistakable;

Su vasta, imponente e incalculable antigüedad era
inconfundible;

32.10 yet not one link did it show with any known type of art belonging to civilization's youth — or indeed to any other time.

sin embargo, no mostraba ningún vínculo con ningún tipo conocido de arte perteneciente a la juventud de la civilización, ni a ninguna otra época.

33.1 Totally separate and apart, its very material was a mystery; for the soapy, greenish-black stone with its golden or iridescent flecks and striations resembled nothing familiar to geology or mineralogy.

Totalmente separado y aparte, su propio material era un misterio, ya que la piedra jabonosa, de color negro verdoso, con sus motas y estrías doradas o iridiscentes, no se parecía en nada a la geología o la mineralogía.

33.2 The characters along the base were equally baffling;

Los caracteres a lo largo de la base eran igualmente desconcertantes;

33.3 and no member present, despite a representation of half the world's expert learning in this field, could form the least notion of even their remotest linguistic kinship.

y ningún miembro presente, a pesar de una representación de la mitad del mundo experta en este campo, podía formarse la menor noción de su más remoto parentesco lingüístico.

33.4 They, like the subject and material, belonged to something horribly remote and distinct from mankind as we know it;

Al igual que el tema y el material, pertenecían a algo terriblemente remoto y distinto de la humanidad tal como la conocemos;

something frightfully suggestive of old and 33.5
unhallowed cycles of life in which our world and
our conceptions have no part.

algo terriblemente sugestivo de ciclos de vida antiguos
y profanos en los que nuestro mundo y nuestras
concepciones no tienen nada que ver.

And yet, as the members severally shook their heads 34.1
and confessed defeat at the inspector's problem,
there was one man in that gathering who suspected
a touch of bizarre familiarity in the monstrous shape
and writing, and who presently told with some
diffidence of the odd trifle he knew.

Y sin embargo, mientras los miembros sacudían la cabeza
y se confesaban derrotados ante el problema del inspector,
hubo un hombre en aquella reunión que sospechó un
toque de extraña familiaridad en la monstruosa forma
y escritura, y que enseguida contó con cierta timidez la
extraña nimiedad que conocía.

This person was the late William Channing Webb, 34.2
professor of anthropology in Princeton University,
and an explorer of no slight note.

Se trataba del difunto William Channing Webb, profesor
de antropología en la Universidad de Princeton y un
explorador no poco conocido.

Professor Webb had been engaged, forty-eight 35.1
years before, in a tour of Greenland and Iceland in
search of some Runic inscriptions which he failed to
unearth;

Cuarenta y ocho años antes, el profesor Webb había
emprendido un viaje por Groenlandia e Islandia en
busca de unas inscripciones rúnicas que no consiguió
desenterrar;

35.2 **and whilst high up on the West Greenland coast had encountered a singular tribe or cult of degenerate Eskimos whose religion, a curious form of devil-worship, chilled him with its deliberate bloodthirstiness and repulsiveness.**

y mientras se encontraba en lo alto de la costa occidental de Groenlandia, se había topado con una singular tribu o culto de esquimales degenerados cuya religión, una curiosa forma de culto al diablo, le heló por su deliberada sed de sangre y su repulsividad.

35.3 **It was a faith of which other Eskimos knew little, and which they mentioned only with shudders, saying that it had come down from horribly ancient eons before ever the world was made.**

Era una fe de la que otros esquimales sabían poco, y que mencionaban sólo con escalofríos, diciendo que había llegado desde eones horriblemente antiguos, antes de que el mundo fuera creado.

35.4 **Besides nameless rites and human sacrifices there were certain queer hereditary rituals addressed to a supreme elder devil or tornasuk;**

Además de ritos sin nombre y sacrificios humanos, había ciertos extraños rituales hereditarios dirigidos a un diablo anciano supremo o tornasuk;

35.5 **and of this Professor Webb had taken a careful phonetic copy from an aged angekok or wizard-priest,**

y de esto el profesor Webb había sacado una cuidadosa copia fonética de un anciano angekok o sacerdote mago,

35.6 **expressing the sounds in Roman letters as best he knew how.**

expresando los sonidos en letras romanas lo mejor que sabía.

But just now of prime significance was the fetish 35.7
which this cult had cherished, and around which
they danced when the aurora leaped high over the ice
cliffs.

Pero ahora lo más importante era el fetiche que este culto
atesoraba y en torno al cual bailaban cuando la aurora
saltaba por encima de los acantilados de hielo.

It was, the professor stated, a very crude bas-relief of 35.8
stone, comprising a hideous picture and some cryptic
writing.

Se trataba, según el profesor, de un bajorrelieve de piedra
muy tosco, compuesto por una horrible imagen y una
escritura críptica.

And as far as he could tell, it was a rough parallel in 35.9
all essential features of the bestial thing now lying
before the meeting.

Y, por lo que pudo ver, era un paralelismo aproximado en
todos los rasgos esenciales del bestial ser que ahora yacía
ante la reunión.

These data, received with suspense and astonishment 36.1
by the assembled members, proved doubly exciting to
Inspector Legrasse;

Estos datos, recibidos con suspense y asombro por los
miembros reunidos, resultaron doblemente excitantes para
el inspector Legrasse;

and he began at once to ply his informant with 36.2
questions.

y enseguida empezó a acribillar a preguntas a su
informador.

36.3 Having noted and copied an oral ritual among the swamp cult-worshipers his men had arrested,

Habiendo anotado y copiado un ritual oral entre los adoradores de los pantanos que sus hombres habían detenido,

36.4 he besought the professor to remember as best he might the syllables taken down amongst the diabolist Eskimos.

pidió al profesor que recordara lo mejor posible las sílabas anotadas entre los esquimales diabolistas.

36.5 There then followed an exhaustive comparison of details,

Siguió entonces una exhaustiva comparación de detalles,

36.6 and a moment of really awed silence when both detective and scientist agreed on the virtual identity of the phrase common to two hellish rituals so many worlds of distance apart.

y un momento de silencio realmente sobrecogedor cuando detective y científico coincidieron en la identidad virtual de la frase común a dos rituales infernales a tantos mundos de distancia.

36.7 What, in substance, both the Eskimo wizards and the Louisiana swamp-priests had chanted to their kindred idols was something very like this — the word-divisions being guessed at from traditional breaks in the phrase as chanted aloud:

Lo que, en esencia, tanto los magos esquimales como los sacerdotes del pantano de Luisiana habían cantado a sus ídolos afines era algo muy parecido a esto: las divisiones de palabras se adivinaban a partir de las pausas tradicionales en la frase cantada en voz alta:

"Ph'nglui mglw'nafh Cthulhu R'lyeh wgah'nagl fhtagn." 37.1

"Ph'nglui mglw'nafh Cthulhu R'lyeh wgah'nagl fhtagn."

Legrasse had one point in advance of Professor Webb, 38.1

Legrasse le llevaba un punto de ventaja al profesor Webb,

for several among his mongrel prisoners had repeated to him what older celebrants had told them the words meant. 38.2

pues varios de sus prisioneros mestizos le habían repetido lo que los celebrantes de más edad les habían dicho que significaban las palabras.

This text, as given, ran something like this: 38.3

Este texto, tal como fue dado, decía algo así:

"In his house at R'lyeh dead Cthulhu waits dreaming." 39.1

"En su casa de R'lyeh, Cthulhu muerto espera soñando."

And now, in response to a general urgent demand, Inspector Legrasse related as fully as possible his experience with the swamp worshipers; telling a story to which I could see my uncle attached profound significance. 41.1

Y ahora, en respuesta a una urgente demanda general, el inspector Legrasse relató lo más detalladamente posible su experiencia con los adoradores del pantano, contando una historia a la que pude ver que mi tío atribuía un profundo significado.

44

41.2 It savored of the wildest dreams of myth-maker and theosophist,

Sabía a los sueños más salvajes de los creadores de mitos y de los teósofos,

41.3 and disclosed an astonishing degree of cosmic imagination among such half-castes and pariahs as might be least expected to possess it.

y revelaba un asombroso grado de imaginación cósmica entre los mestizos y parias que menos se esperaba que la poseyeran.

42.1 On November 1st, 1907, there had come to New Orleans police a frantic summons from the swamp and lagoon country to the south.

El 1 de noviembre de 1907, la policía de Nueva Orleans recibió una llamada frenética de la zona de pantanos y lagunas del sur.

42.2 The squatters there, mostly primitive but good-natured descendants of Lafitte's men, were in the grip of stark terror from an unknown thing which had stolen upon them in the night.

Los ocupantes ilegales, en su mayoría primitivos pero bondadosos descendientes de los hombres de Lafitte, estaban aterrorizados por una cosa desconocida que se había apoderado de ellos por la noche.

42.3 It was voodoo, apparently, but voodoo of a more terrible sort than they had ever known;

Era vudú, al parecer, pero un vudú más terrible de lo que habían conocido nunca;

and some of their women and children had disappeared since the malevolent tom-tom had begun its incessant beating far within the black haunted woods where no dweller ventured.

42.4

y algunas de sus mujeres y niños habían desaparecido desde que el malévolo tom-tom había comenzado su incesante latido en los negros bosques encantados donde ningún habitante se aventuraba.

There were insane shouts and harrowing screams,

42.5

Se oían gritos dementes y alaridos desgarradores,

soul-chilling chants and dancing devil-flames;

42.6

cánticos que helaban el alma y llamas demoníacas danzantes;

and, the frightened messenger added, the people could stand it no more.

42.7

y, añadió el asustado mensajero, la gente no podía soportarlo más.

So a body of twenty police, filling two carriages and an automobile, had set out in the late afternoon with the shivering squatter as a guide.

43.1

Así que un cuerpo de veinte policías, que llenaban dos carruajes y un automóvil, se había puesto en marcha a última hora de la tarde con el tembloroso ocupante ilegal como guía.

At the end of the passable road they alighted,

43.2

Al final del camino transitable se apearon,

and for miles splashed on in silence through the terrible cypress woods where day never came.

43.3

y durante millas chapotearon en silencio a través de los terribles bosques de cipreses donde nunca llegaba el día.

43.4 **Ugly roots and malignant hanging nooses of Spanish moss beset them,**

Feas raíces y malignos lazos colgantes de musgo español les acosaban,

43.5 **and now and then a pile of dank stones or fragments of a rotting wall intensified by its hint of morbid habitation a depression which every malformed tree and every fungous islet combined to create.**

y de vez en cuando un montón de piedras húmedas o fragmentos de un muro podrido intensificaban con su indicio de morbosa habitación una depresión que cada árbol malformado y cada islote fúngico se combinaban para crear.

43.6 **At length the squatter settlement, a miserable huddle of huts, hove in sight; and hysterical dwellers ran out to cluster around the group of bobbing lanterns.**

Por fin se divisó el asentamiento ilegal, un miserable grupo de chozas, y los histéricos habitantes salieron corriendo para agruparse en torno al grupo de linternas oscilantes.

43.7 **The muffled beat of tom-toms was now faintly audible far, far ahead; and a curdling shriek came at infrequent intervals when the wind shifted.**

A lo lejos, muy lejos, se oía el apagado sonido de las trompetas, y a intervalos infrecuentes, cuando el viento cambiaba de dirección, se oía un chillido espeluznante.

43.8 **A reddish glare, too, seemed to filter through the pale undergrowth beyond endless avenues of forest night.**

Un resplandor rojizo también parecía filtrarse a través de la pálida maleza más allá de las interminables avenidas de la noche del bosque.

Reluctant even to be left alone again, each one of
the cowed squatters refused point-blank to advance
another inch toward the scene of unholy worship,
so Inspector Legrasse and his nineteen colleagues
plunged on unguided into black arcades of horror
that none of them had ever trod before.

43.9

Reacios incluso a quedarse solos de nuevo, cada uno de
los acobardados ocupantes se negó en redondo a avanzar
un centímetro más hacia la escena del impío culto, de
modo que el inspector Legrasse y sus diecinueve colegas
se internaron sin guía en negras arcadas de horror que
ninguno de ellos había pisado antes.

The region now entered by the police was one of
traditionally evil repute,

44.1

La región en la que ahora se adentraba la policía tenía una
reputación tradicionalmente maligna,

substantially unknown and untraversed by white
men.

44.2

prácticamente desconocida e inexplorada por los hombres
blancos.

There were legends of a hidden lake unglimpsed by
mortal sight, in which dwelt a huge, formless white
polypous thing with luminous eyes;

44.3

Existían leyendas de un lago oculto, invisible a los ojos de
los mortales, en el que habitaba un enorme e informe ser
polipoide blanco con ojos luminosos;

and squatters whispered that bat-winged devils
flew up out of caverns in inner earth to worship it at
midnight.

44.4

y los ocupantes susurraban que demonios con alas de
murciélago salían volando de las cavernas del interior de la
tierra para adorarlo a medianoche.

44.5 They said it had been there before D'Iberville, before La Salle, before the Indians, and before even the wholesome beasts and birds of the woods.

Decían que había estado allí antes que D'Iberville, antes que La Salle, antes que los indios y antes incluso que las saludables bestias y pájaros del bosque.

44.6 It was nightmare itself, and to see it was to die.

Era la pesadilla misma, y verla era morir.

44.7 But it made men dream,

Pero hacía soñar a los hombres,

44.8 and so they knew enough to keep away.

y así sabían lo suficiente para mantenerse alejados.

44.9 The present voodoo orgy was, indeed, on the merest fringe of this abhorred area, but that location was bad enough;

La presente orgía vudú se encontraba, en efecto, en la mera periferia de esta aborrecida zona, pero esa ubicación ya era bastante mala;

44.10 hence perhaps the very place of the worship had terrified the squatters more than the shocking sounds and incidents.

de ahí que tal vez el propio lugar del culto hubiera aterrorizado a los ocupantes ilegales más que los chocantes sonidos e incidentes.

Only poetry or madness could do justice to the noises heard by Legrasse's men as they plowed on through the black morass toward the red glare and the muffled tom-toms.

Sólo la poesía o la locura podían hacer justicia a los ruidos que oían los hombres de Legrasse mientras avanzaban a través de la negra ciénaga hacia el rojo resplandor y los amortiguados tom-toms.

There are vocal qualities peculiar to men, and vocal qualities peculiar to beasts;

Hay cualidades vocales propias de los hombres y cualidades vocales propias de las bestias;

and it is terrible to hear the one when the source should yield the other.

y es terrible oír las unas cuando la fuente debería producir las otras.

Animal fury and orgiastic license here whipped themselves to demoniac heights by howls and squawking ecstasies that tore and reverberated through those nighted woods like pestilential tempests from the gulfs of hell.

La furia animal y la licencia orgiástica alcanzaron aquí alturas demoníacas mediante aullidos y éxtasis de graznidos que desgarraban y reverberaban por aquellos bosques nocturnos como tempestades pestilentes procedentes de los golfos del infierno.

Now and then the less organized ululations would cease,

De vez en cuando cesaban las ululaciones menos organizadas,

45.6 and from what seemed a well-drilled chorus of hoarse voices would rise in singsong chant that hideous phrase or ritual:

y de lo que parecía un coro bien entrenado de voces roncas se elevaba en un canto cantarín aquella horrible frase o ritual:

46.1 "Ph'nglui mglw'nafh Cthulhu R'lyeh wgah'nagl fhtagn."

"Ph'nglui mglw'nafh Cthulhu R'lyeh wgah'nagl fhtagn."

47.1 Then the men, having reached a spot where the trees were thinner, came suddenly in sight of the spectacle itself.

Entonces los hombres, habiendo llegado a un lugar donde los árboles eran más delgados, se encontraron de repente con el espectáculo en sí.

47.2 Four of them reeled, one fainted, and two were shaken into a frantic cry which the mad cacophony of the orgy fortunately deadened.

Cuatro de ellos se tambalearon, uno se desmayó y dos lanzaron un grito frenético que la loca cacofonía de la orgía afortunadamente acalló.

47.3 Legrasse dashed swamp water on the face of the fainting man,

Legrasse arrojó agua del pantano sobre la cara del hombre desmayado,

47.4 and all stood trembling and nearly hypnotized with horror.

y todos se quedaron temblando y casi hipnotizados por el horror.

In a natural glade of the swamp stood a grassy island
of perhaps an acre's extent,

48.1

En un claro natural del pantano se alzaba una isla cubierta
de hierba de una extensión aproximada de un acre,

clear of trees and tolerably dry.

48.2

limpia de árboles y tolerablemente seca.

On this now leaped and twisted a more indescribable
horde of human abnormality than any but a Sime or
an Angarola could paint.

48.3

Sobre ella saltaba y se retorcía una horda de anormales
humanos más indescriptible de lo que cualquiera, salvo un
Sime o un Angarola, podría pintar.

Void of clothing, this hybrid spawn were braying,
bellowing and writhing about a monstrous ring-
shaped bonfire;

48.4

Desprovistos de ropas, estos engendros híbridos
rebuznaban, bramaban y se retorcían alrededor de una
monstruosa hoguera en forma de anillo;

in the center of which, revealed by occasional rifts in
the curtain of flame, stood a great granite monolith
some eight feet in height;

48.5

en el centro de la cual, revelado por ocasionales grietas en
la cortina de llamas, se alzaba un gran monolito de granito
de unos dos metros y medio de altura;

on top of which, incongruous in its diminutiveness,
rested the noxious carven statuette.

48.6

encima del cual, incongruente por su pequeñez, descansaba
la nociva estatuilla tallada.

48.7 From a wide circle of ten scaffolds set up at regular intervals with the flame-girt monolith as a center hung, head downward, the oddly marred bodies of the helpless squatters who had disappeared.

De un amplio círculo de diez andamios colocados a intervalos regulares con el monolito flameado como centro colgaban, cabeza abajo, los cuerpos extrañamente estropeados de los indefensos ocupantes que habían desaparecido.

48.8 It was inside this circle that the ring of worshipers jumped and roared,

Era dentro de este círculo donde el anillo de adoradores saltaba y rugía,

48.9 the general direction of the mass motion being from left to right in endless bacchanale between the ring of bodies and the ring of fire.

siendo la dirección general del movimiento de la masa de izquierda a derecha en una bacanal interminable entre el anillo de cuerpos y el anillo de fuego.

49.1 It may have been only imagination and it may have been only echoes which induced one of the men, an excitable Spaniard, to fancy he heard antiphonal responses to the ritual from some far and unillumined spot deeper within the wood of ancient legendry and horror.

Puede que sólo fuera imaginación y puede que sólo fueran ecos lo que indujo a uno de los hombres, un español excitable, a creer que oía respuestas antifonales al ritual desde algún lugar lejano y sin iluminar en lo más profundo del bosque de antiguas leyendas y horrores.

This man, Joseph D. Galvez, I later met and
questioned; and he proved distractingly imaginative.   49.2

A este hombre, Joseph D. Gálvez, lo conocí más tarde y lo
interrogué, y demostró ser distraídamente imaginativo.

He indeed went so far as to hint of the faint beating of   49.3
great wings,

Llegó incluso a insinuar el débil batir de grandes alas y
a vislumbrar unos ojos brillantes y una mole blanca y
montañosa más allá de los árboles más remotos,

and of a glimpse of shining eyes and a mountainous   49.4
white bulk beyond the remotest trees — but I suppose
he had been hearing too much native superstition.

pero supongo que había oído demasiadas supersticiones
nativas.

Actually,   50.1

En realidad,

the horrified pause of the men was of comparatively   50.2
brief duration.

la horrorizada pausa de los hombres fue relativamente
breve.

Duty came first; and although there must have been   50.3
nearly a hundred mongrel celebrants in the throng,
the police relied on their firearms and plunged
determinedly into the nauseous rout.

El deber era lo primero, y aunque debía de haber casi
un centenar de celebrantes mestizos entre la multitud,
la policía confió en sus armas de fuego y se lanzó
decididamente a la nauseabunda derrota.

For five minutes the resultant din and chaos were   50.4
beyond description.

Durante cinco minutos, el alboroto y el caos resultantes
fueron indescriptibles.

50.5 Wild blows were struck, shots were fired, and escapes were made;

Se produjeron golpes salvajes, disparos y fugas;

50.6 but in the end Legrasse was able to count some forty-seven sullen prisoners,

pero al final Legrasse pudo contar unos cuarenta y siete hoscos prisioneros,

50.7 whom he forced to dress in haste and fall into line between two rows of policemen.

a los que obligó a vestirse apresuradamente y a colocarse en fila entre dos filas de policías.

50.8 Five of the worshipers lay dead,

Cinco de los fieles yacían muertos,

50.9 and two severely wounded ones were carried away on improvised stretchers by their fellow-prisoners.

y dos gravemente heridos fueron llevados en camillas improvisadas por sus compañeros de prisión.

50.10 The image on the monolith, of course, was carefully removed and carried back by Legrasse.

Por supuesto, Legrasse retiró cuidadosamente la imagen del monolito y se la llevó.

51.1 Examined at headquarters after a trip of intense strain and weariness, the prisoners all proved to be men of a very low, mixed-blooded, and mentally aberrant type.

Examinados en el cuartel general tras un viaje de intensa tensión y cansancio, los prisioneros resultaron ser todos hombres de un tipo muy bajo, mestizos y mentalmente aberrantes.

Most were seamen, and a sprinkling of negroes and   51.2
mulattoes, largely West Indians or Brava Portuguese
from the Cape Verde Islands, gave a coloring of
voodooism to the heterogeneous cult.

La mayoría eran marineros, y una salpicadura de negros y
mulatos, en su mayoría antillanos o portugueses de Brava
procedentes de las islas de Cabo Verde, daba un tinte de
vudú al heterogéneo culto.

But before many questions were asked,   51.3

Pero antes de que se hicieran muchas preguntas,

it became manifest that something far deeper and   51.4
older than negro fetishism was involved.

se puso de manifiesto que se trataba de algo mucho más
profundo y antiguo que el fetichismo negro.

Degraded and ignorant as they were,   51.5

Degradadas e ignorantes como eran,

the creatures held with surprizing consistency to the   51.6
central idea of their loathsome faith.

las criaturas se aferraban con sorprendente coherencia a la
idea central de su repugnante fe.

They worshiped, so they said, the Great Old Ones who   52.1
lived ages before there were any men, and who came
to the young world out of the sky.

Adoraban, según decían, a los Grandes Ancianos que
vivieron siglos antes de que existieran los hombres y que
vinieron al joven mundo desde el cielo.

52.2 Those Old Ones were gone now, inside the earth and under the sea; but their dead bodies had told their secrets in dreams to the first man, who formed a cult which had never died.

Pero sus cadáveres habían contado sus secretos en sueños al primer hombre, que formó un culto que nunca murió.

52.3 This was that cult, and the prisoners said it had always existed and always would exist, hidden in distant wastes and dark places all over the world until the time when the great priest Cthulhu, from his dark house in the mighty city of R'lyeh under the waters, should rise and bring the earth again beneath his sway.

Este era el culto, y los prisioneros decían que siempre había existido y siempre existiría, oculto en lejanos páramos y oscuros lugares de todo el mundo hasta el momento en que el gran sacerdote Cthulhu, desde su oscura casa en la poderosa ciudad de R'lyeh bajo las aguas, se alzara y volviera a someter la tierra a su dominio.

52.4 Some day he would call, when the stars were ready, and the secret cult would always be waiting to liberate him.

Algún día llamaría, cuando las estrellas estuvieran preparadas, y el culto secreto siempre estaría esperando para liberarlo.

53.1 Meanwhile no more must be told.

Mientras tanto, no se debe decir nada más.

53.2 There was a secret which even torture could not extract.

Había un secreto que ni siquiera la tortura podía extraer.

Mankind was not absolutely alone among the
conscious things of earth, 53.3

La humanidad no estaba absolutamente sola entre las cosas
conscientes de la tierra,

for shapes came out of the dark to visit the faithful
few. 53.4

porque las formas salían de la oscuridad para visitar a los
pocos fieles.

But these were not the Great Old Ones. 53.5

Pero no eran los Grandes Ancianos.

No man had ever seen the Old Ones. 53.6

Ningún hombre había visto jamás a los Antiguos.

The carven idol was great Cthulhu, 53.7

El ídolo tallado era el gran Cthulhu,

but none might say whether or not the others were
precisely like him. 53.8

pero nadie podía decir si los otros eran exactamente
como él.

No one could read the old writing now, 53.9

Ya nadie podía leer la antigua escritura,

but things were told by word of mouth. 53.10

pero las cosas se contaban de boca en boca.

The chanted ritual was not the secret — that was
never spoken aloud, 53.11

El ritual cantado no era el secreto; eso nunca se decía en voz
alta,

only whispered. The chant meant only this: 53.12

sólo se susurraba. El canto sólo significaba esto:

53.13 "In his house at R'lyeh dead Cthulhu waits dreaming."

"En su casa en R'lyeh muerto Cthulhu espera soñando."

55.1 Only two of the prisoners were found sane enough to be hanged,

Sólo dos de los prisioneros estaban lo bastante cuerdos como para ser ahorcados,

55.2 and the rest were committed to various institutions.

y el resto fueron internados en diversas instituciones.

55.3 All denied a part in the ritual murders, and averred that the killing had been done by Black-winged Ones which had come to them from their immemorial meeting-place in the haunted wood.

Todos negaron haber participado en los asesinatos rituales y afirmaron que habían sido cometidos por seres de alas negras que habían acudido a ellos desde su inmemorial lugar de reunión en el bosque encantado.

55.4 But of those mysterious allies no coherent account could ever be gained.

Pero nunca se pudo obtener información coherente sobre aquellos misteriosos aliados.

55.5 What the police did extract came mainly from an immensely aged mestizo named Castro,

Lo que la policía pudo extraer procedía principalmente de un mestizo inmensamente anciano llamado Castro,

who claimed to have sailed to strange ports and talked with undying leaders of the cult in the mountains of China.

55.6

que afirmaba haber navegado a puertos extraños y hablado con los líderes inmortales del culto en las montañas de China.

Old Castro remembered bits of hideous legend that paled the speculations of theosophists and made man and the world seem recent and transient indeed.

56.1

El viejo Castro recordaba fragmentos de horribles leyendas que hacían palidecer las especulaciones de los teósofos y hacían que el hombre y el mundo parecieran realmente recientes y pasajeros.

There had been eons when other Things ruled on the earth,

56.2

Hubo eones en que otras Cosas gobernaron la tierra,

and They had had great cities.

56.3

y tuvieron grandes ciudades.

Remains of Them, he said the deathless Chinamen had told him, were still to be found as Cyclopean stones on islands in the Pacific.

56.4

Restos de Ellos, dijo que le habían dicho los chinos inmortales, se encontraban todavía como piedras ciclópeas en islas del Pacífico.

They all died vast epochs of time before man came,

56.5

Todos murieron en vastas épocas antes de la llegada del hombre,

56.6 but there were arts which could revive Them when the stars had come round again to the right positions in the cycle of eternity.

pero existían artes que podían revivirlos cuando las estrellas habían vuelto a sus posiciones correctas en el ciclo de la eternidad.

56.7 They had, indeed, come themselves from the stars, and brought Their images with Them.

En efecto, ellos mismos habían venido de las estrellas y habían traído consigo sus imágenes.

57.1 These Great Old Ones, Castro continued, were not composed altogether of flesh and blood.

Estos Grandes Antiguos, continuó Castro, no estaban compuestos totalmente de carne y hueso.

57.2 They had shape — for did not this star-fashioned image prove it?

Tenían forma - ¿acaso no lo demostraba esta imagen modelada por las estrellas?

57.3 — but that shape was not made of matter.

— , pero esa forma no estaba hecha de materia.

57.4 When the stars were right,

Cuando las estrellas estaban bien,

57.5 They could plunge from world to world through the sky;

podían ir de un mundo a otro a través del cielo;

57.6 but when the stars were wrong, They could not live.

pero cuando las estrellas estaban mal, no podían vivir.

But although They no longer lived, They would never really die. 57.7

Pero aunque ya no vivían, nunca morían de verdad.

They all lay in stone houses in Their great city of R'lyeh, 57.8

Todos yacían en casas de piedra en su gran ciudad de R'lyeh,

preserved by the spells of mighty Cthulhu for a glorious resurrection when the stars and the earth might once more be ready for Them. 57.9

preservados por los hechizos del poderoso Cthulhu para una gloriosa resurrección cuando las estrellas y la tierra estuvieran de nuevo preparadas para Ellos.

But at that time some force from outside must serve to liberate Their bodies. 57.10

Pero en ese momento alguna fuerza del exterior debía servir para liberar Sus cuerpos.

The spells that preserved Them intact likewise prevented Them from making an initial move, 57.11

Los hechizos que los preservaban intactos les impedían igualmente hacer un movimiento inicial,

and They could only lie awake in the dark and think whilst uncounted millions of years rolled by. 57.12

y sólo podían permanecer despiertos en la oscuridad y pensar mientras transcurrían incontables millones de años.

They knew all that was occurring in the universe, 57.13

Sabían todo lo que ocurría en el universo,

for Their mode of speech was transmitted thought. 57.14

ya que Su modo de hablar era el pensamiento transmitido.

57.15 **Even now They talked in Their tombs.**
Incluso ahora hablaban en sus tumbas.

57.16 **When, after infinities of chaos, the first men came, the Great Old Ones spoke to the sensitive among them by molding their dreams; for only thus could Their language reach the fleshly minds of mammals.**
Cuando, tras infinitos caos, aparecieron los primeros hombres, los Grandes Ancianos hablaron a los más sensibles moldeando sus sueños, pues sólo así Su lenguaje podía llegar a las mentes carnales de los mamíferos.

58.1 **Then, whispered Castro, those first men formed the cult around small idols which the Great Ones showed them;**
Entonces, susurró Castro, aquellos primeros hombres formaron el culto en torno a pequeños ídolos que los Grandes les mostraron;

58.2 **idols brought in dim eras from dark stars.**
ídolos traídos en épocas oscuras desde estrellas oscuras.

58.3 **That cult would never die till the stars came right again,**
Ese culto nunca moriría hasta que las estrellas volvieran a enderezarse,

58.4 **and the secret priests would take great Cthulhu from His tomb to revive His subjects and resume His rule of earth.**
y los sacerdotes secretos sacaran al gran Cthulhu de su tumba para revivir a sus súbditos y reanudar su dominio sobre la Tierra.

58.5 **The time would be easy to know,**
El momento sería fácil de saber,

for then mankind would have become as the Great Old Ones; 58.6

pues entonces la humanidad habría llegado a ser como los Grandes Antiguos;

free and wild and beyond good and evil, 58.7

libre y salvaje y más allá del bien y del mal,

with laws and morals thrown aside and all men shouting and killing and reveling in joy. 58.8

con las leyes y la moral desechadas y todos los hombres gritando y matando y deleitándose en la alegría.

Then the liberated Old Ones would teach them new ways to shout and kill and revel and enjoy themselves, 58.9

Entonces los Antiguos liberados les enseñarían nuevas formas de gritar y matar y divertirse y gozar,

and all the earth would flame with a holocaust of ecstasy and freedom. 58.10

y toda la tierra ardería en un holocausto de éxtasis y libertad.

Meanwhile the cult, by appropriate rites, must keep alive the memory of those ancient ways and shadow forth the prophecy of their return. 58.11

Mientras tanto, el culto, mediante ritos apropiados, debe mantener vivo el recuerdo de esas antiguas formas y dar sombra a la profecía de su retorno.

In the elder time chosen men had talked with the entombed Old Ones in dreams, but then something had happened. 59.1

En los tiempos antiguos, los hombres elegidos habían hablado en sueños con los Ancianos sepultados, pero entonces algo había sucedido.

59.2 The great stone city R'lyeh, with its monoliths and sepulchers, had sunk beneath the waves;

La gran ciudad de piedra R'lyeh, con sus monolitos y sepulcros, se había hundido bajo las olas;

59.3 and the deep waters, full of the one primal mystery through which not even thought can pass, had cut off the spectral intercourse.

y las aguas profundas, llenas del único misterio primigenio a través del cual ni siquiera el pensamiento puede pasar, habían cortado la relación espectral.

59.4 But memory never died,

Pero la memoria nunca moría,

59.5 and high priests said that the city would rise again when the stars were right.

y los sumos sacerdotes decían que la ciudad resucitaría cuando las estrellas estuvieran en su sitio.

59.6 Then came out of the earth the black spirits of earth, moldy and shadowy, and full of dim rumors picked up in caverns beneath forgotten sea-bottoms.

Entonces salieron de la tierra los espíritus negros de la tierra, mohosos y sombríos, y llenos de oscuros rumores recogidos en cavernas bajo olvidados fondos marinos.

59.7 But of them old Castro dared not speak much.

Pero el viejo Castro no se atrevía a hablar mucho de ellos.

59.8 He cut himself off hurriedly,

Se cortó a sí mismo precipitadamente,

59.9 and no amount of persuasion or subtlety could elicit more in this direction.

y ninguna cantidad de persuasión o sutileza pudo obtener más en esta dirección.

The size of the Old Ones, too, he curiously declined to mention. 59.10

También se negó curiosamente a mencionar el tamaño de los Antiguos.

Of the cult, he said that he thought the center lay amid the pathless deserts of Arabia, where Irem, the City of Pillars, dreams hidden and untouched. 59.11

En cuanto al culto, dijo que creía que el centro se hallaba en los desiertos sin caminos de Arabia, donde Irem, la Ciudad de los Pilares, sueña oculta e intacta.

It was not allied to the European witch-cult, and was virtually unknown beyond its members. 59.12

No estaba relacionado con el culto europeo a las brujas y era prácticamente desconocido más allá de sus miembros.

No book had ever really hinted of it, though the deathless Chinamen said that there were double meanings in the Necronomicon of the mad Arab Abdul Alhazred which the initiated might read as they chose, especially the much-discussed couplet: 59.13

Ningún libro había insinuado realmente nada al respecto, aunque los chinos inmortales decían que había dobles significados en el Necronomicón del loco árabe Abdul Alhazred que los iniciados podían leer como quisieran, especialmente la muy discutida copla:

"That is not dead which can eternal lie, 60.1

"No está muerto quien puede mentir eternamente,

And with strange eons even death may die." 61.1

Y con extraños eones hasta la muerte puede morir."

62.1 Legrasse, deeply impressed and not a little bewildered, had inquired in vain concerning the historic affiliations of the cult.

Legrasse, profundamente impresionado y no poco desconcertado, había preguntado en vano por las afiliaciones históricas del culto.

62.2 Castro, apparently, had told the truth when he said that it was wholly secret.

Al parecer, Castro había dicho la verdad al afirmar que era totalmente secreta.

62.3 The authorities at Tulane University could shed no light upon either cult or image,

Las autoridades de la Universidad de Tulane no podían arrojar luz ni sobre el culto ni sobre la imagen,

62.4 and now the detective had come to the highest authorities in the country and met with no more than the Greenland tale of Professor Webb.

y ahora el detective había acudido a las más altas autoridades del país y no había encontrado más que el cuento groenlandés del profesor Webb.

———————

64.1 The feverish interest aroused at the meeting by Legrasse's tale, corroborated as it was by the statuette, is echoed in the subsequent correspondence of those who attended, although scant mention occurs in the formal publication of the society.

El febril interés suscitado en la reunión por el relato de Legrasse, corroborado por la estatuilla, se repite en la correspondencia posterior de los asistentes, aunque apenas se menciona en la publicación oficial de la sociedad.

Caution is the first care of those accustomed to face occasional charlatanry and imposture. 64.2

La precaución es el primer cuidado de quienes están acostumbrados a enfrentarse a charlatanerías e imposturas ocasionales.

Legrasse for some time lent the image to Professor Webb, but at the latter's death it was returned to him and remains in his possession, where I viewed it not long ago. 64.3

Legrasse prestó durante algún tiempo la imagen al profesor Webb, pero a la muerte de éste se la devolvió y sigue en su poder, donde la vi no hace mucho.

It is truly a terrible thing, 64.4

Es algo verdaderamente terrible,

and unmistakably akin to the dream-sculpture of young Wilcox. 64.5

e inconfundiblemente parecido a la escultura onírica del joven Wilcox.

That my uncle was excited by the tale of the sculptor I did not wonder, 65.1

No me extrañó que mi tío se sintiera excitado por la historia del escultor,

for what thoughts must arise upon hearing, 65.2

pues ¿qué pensamientos debían surgir al oír,

after a knowledge of what Legrasse had learned of the cult, 65.3

después de saber lo que Legrasse había aprendido del culto,

65.4 of a sensitive young man who had dreamed not only the figure and exact hieroglyphics of the swamp-found image and the Greenland devil tablet,

que un joven sensible había soñado no sólo la figura y los jeroglíficos exactos de la imagen encontrada en el pantano y la tablilla del diablo de Groenlandia,

65.5 but had come in his dreams upon at least three of the precise words of the formula uttered alike by Eskimo diabolists and mongrel Louisianans?

sino que había encontrado en sueños al menos tres de las palabras exactas de la fórmula pronunciada por igual por diabolistas esquimales y por mestizos de Luisiana?

65.6 Professor Angell's instant start on an investigation of the utmost thoroughness was eminently natural;

El hecho de que el profesor Angell iniciara al instante una investigación de la mayor minuciosidad fue eminentemente natural;

65.7 though privately I suspected young Wilcox of having heard of the cult in some indirect way, and of having invented a series of dreams to heighten and continue the mystery at my uncle's expense.

aunque en privado sospeché que el joven Wilcox había oído hablar del culto de alguna manera indirecta y que había inventado una serie de sueños para aumentar y continuar el misterio a expensas de mi tío.

65.8 The dream-narratives and cuttings collected by the professor were, of course, strong corroboration;

Los relatos de los sueños y los recortes recogidos por el profesor eran, desde luego, una fuerte corroboración;

but the rationalism of my mind and the extravagance   65.9
of the whole subject led me to adopt what I thought
the most sensible conclusions.

pero el racionalismo de mi mente y la extravagancia de
todo el asunto me llevaron a adoptar lo que me parecieron
las conclusiones más sensatas.

So, after thoroughly studying the manuscript again   65.10
and correlating the theosophical and anthropological
notes with the cult narrative of Legrasse, I made a
trip to Providence to see the sculptor and give him
the rebuke I thought proper for so boldly imposing
upon a learned and aged man.

Así pues, después de estudiar de nuevo a fondo el
manuscrito y de correlacionar las notas teosóficas y
antropológicas con la narración de culto de Legrasse,
hice un viaje a Providence para ver al escultor y darle
la reprimenda que creía apropiada por imponerse tan
audazmente a un hombre erudito y anciano.

Wilcox still lived alone in the Fleur-de-Lys Building   66.1
in Thomas Street, a hideous Victorian imitation of
Seventeenth Century Breton architecture which
flaunts its stuccoed front amidst the lovely Colonial
houses on the ancient hill, and under the very
shadow of the finest Georgian steeple in America.

Wilcox seguía viviendo solo en el edificio Fleur-de-Lys
de Thomas Street, una horrible imitación victoriana
de la arquitectura bretona del siglo XVII que ostenta su
fachada estucada entre las encantadoras casas coloniales
de la antigua colina, y bajo la sombra misma del mejor
campanario georgiano de América.

66.2 I found him at work in his rooms, and at once conceded from the specimens scattered about that his genius is indeed profound and authentic.

Le encontré trabajando en sus habitaciones, y enseguida reconocí, por las muestras esparcidas, que su genio es realmente profundo y auténtico.

66.3 He will, I believe, be heard from sometime as one of the great decadents; for he has crystallized in clay and will one day mirror in marble those nightmares and fantasies which Arthur Machen evokes in prose, and Clark Ashton Smith makes visible in verse and in painting.

Creo que alguna vez se oirá hablar de él como uno de los grandes decadentes, porque ha cristalizado en arcilla y algún día reflejará en mármol las pesadillas y fantasías que Arthur Machen evoca en prosa y Clark Ashton Smith hace visibles en verso y en pintura.

67.1 Dark, frail, and somewhat unkempt in aspect, he turned languidly at my knock and asked me my business without rising.

Moreno, frágil y de aspecto algo desaliñado, se volvió lánguidamente al oírme llamar y me preguntó a qué me dedicaba sin levantarse.

67.2 When I told him who I was, he displayed some interest; for my uncle had excited his curiosity in probing his strange dreams, yet had never explained the reason for the study.

Cuando le dije quién era, mostró cierto interés, pues mi tío había despertado su curiosidad al sondear sus extraños sueños, aunque nunca le había explicado el motivo del estudio.

67.3 I did not enlarge his knowledge in this regard,

No amplié sus conocimientos a este respecto,

but sought with some subtlety to draw him out. 67.4

sino que traté de sonsacarle con cierta sutileza.

In a short time I became convinced of his absolute 68.1
sincerity,

En poco tiempo me convencí de su absoluta sinceridad,

for he spoke of the dreams in a manner none could 68.2
mistake.

pues hablaba de los sueños de un modo que nadie podía
confundir.

They and their subconscious residuum had 68.3
influenced his art profoundly,

Ellos y sus residuos subconscientes habían influido
profundamente en su arte,

and he showed me a morbid statue whose contours 68.4
almost made me shake with the potency of its black
suggestion.

y me mostró una estatua mórbida cuyos contornos casi me
hicieron temblar por la potencia de su negra sugestión.

He could not recall having seen the original of this 68.5
thing except in his own dream bas-relief,

No recordaba haber visto el original de esta cosa excepto en
su propio bajorrelieve onírico,

but the outlines had formed themselves insensibly 68.6
under his hands.

pero los contornos se habían formado insensiblemente bajo
sus manos.

It was, no doubt, the giant shape he had raved of in 68.7
delirium.

Era, sin duda, la forma gigante de la que había delirado en
su delirio.

68.8 That he really knew nothing of the hidden cult, save from what my uncle's relentless catechism had let fall, he soon made clear;

Pronto aclaró que en realidad no sabía nada del culto oculto, salvo lo que el implacable catecismo de mi tío había dejado caer;

68.9 and again I strove to think of some way in which he could possibly have received the weird impressions.

y de nuevo me esforcé por pensar en alguna forma en que pudiera haber recibido las extrañas impresiones.

69.1 He talked of his dreams in a strangely poetic fashion; making me see with terrible vividness the damp Cyclopean city of slimy green stone -

Hablaba de sus sueños de un modo extrañamente poético, haciéndome ver con terrible viveza la húmeda ciudad ciclópea de viscosa piedra verde -

69.2 whose geometry, he oddly said, was all wrong -

cuya geometría, decía extrañamente, era toda errónea -

69.3 and hear with frightened expectancy the ceaseless, half-mental calling from underground:

y oír con temerosa expectación la incesante llamada, medio mental, desde el subsuelo:

69.4 "Cthulhu fhtagn,"

"Cthulhu fhtagn,"

69.5 "Cthulhu fhtagn."

"Cthulhu fhtagn."

These words had formed part of that dread ritual 70.1
which told of dead Cthulhu's dream-vigil in his stone
vault at R'lyeh,

Estas palabras habían formado parte de aquel espantoso
ritual que hablaba del sueño-vigilia de Cthulhu muerto en
su bóveda de piedra de R'lyeh,

and I felt deeply moved despite my rational beliefs. 70.2

y me sentí profundamente conmovido a pesar de mis
creencias racionales.

Wilcox, I was sure, had heard of the cult in some 70.3
casual way, and had soon forgotten it amidst the
mass of his equally weird reading and imagining.

Wilcox, estaba seguro, había oído hablar del culto de
alguna manera casual, y pronto lo había olvidado entre la
masa de sus lecturas e imaginaciones igualmente extrañas.

Later, by virtue of its sheer impressiveness, it had 70.4
found subconscious expression in dreams, in the
bas-relief, and in the terrible statue I now beheld;

Más tarde, en virtud de su pura impresión, había
encontrado expresión subconsciente en sueños, en el
bajorrelieve y en la terrible estatua que ahora contemplaba;

so that his imposture upon my uncle had been a very 70.5
innocent one.

de modo que su impostura a mi tío había sido muy
inocente.

The youth was of a type, at once slightly affected and 70.6
slightly ill-mannered, which I could never like;

El joven era de un tipo, a la vez ligeramente afectado y
ligeramente maleducado, que nunca pudo gustarme;

70.7 but I was willing enough now to admit both his genius and his honesty.

pero ahora estaba lo bastante dispuesto a admitir tanto su genio como su honradez.

70.8 I took leave of him amicably, and wish him all the success his talent promises.

Me despedí de él amistosamente y le deseé todo el éxito que su talento prometía.

71.1 The matter of the cult still remained to fascinate me,

La cuestión del culto seguía fascinándome,

71.2 and at times I had visions of personal fame from researches into its origin and connections.

y a veces tenía visiones de fama personal gracias a las investigaciones sobre su origen y conexiones.

71.3 I visited New Orleans, talked with Legrasse and others of that old-time raiding-party, saw the frightful image, and even questioned such of the mongrel prisoners as still survived.

Visité Nueva Orleans, hablé con Legrasse y otros miembros de aquel antiguo grupo de asaltantes, vi la espantosa imagen e incluso interrogué a los prisioneros mestizos que aún sobrevivían.

71.4 Old Castro, unfortunately, had been dead for some years.

El viejo Castro, por desgracia, llevaba muerto algunos años.

What I now heard so graphically at first hand, though
it was really no more than a detailed confirmation of
what my uncle had written, excited me afresh;

Lo que ahora oía tan gráficamente de primera mano,
aunque en realidad no era más que una confirmación
detallada de lo que mi tío había escrito, me excitaba de
nuevo;

for I felt sure that I was on the track of a very
real, very secret, and very ancient religion whose
discovery would make me an anthropologist of note.

porque me sentía seguro de que estaba tras la pista de
una religión muy real, muy secreta y muy antigua, cuyo
descubrimiento me convertiría en un antropólogo notable.

My attitude was still one of absolute materialism,
as I wish it still were, and I discounted with almost
inexplicable perversity the coincidence of the dream
notes and odd cuttings collected by Professor Angell.

Mi actitud seguía siendo de absoluto materialismo, como
desearía que siguiera siendo, y descontaba con perversidad
casi inexplicable la coincidencia de las notas de los sueños y
los extraños recortes recogidos por el profesor Angell.

One thing which I began to suspect, and which I now
fear I know, is that my uncle's death was far from
natural.

Una cosa que empecé a sospechar, y que ahora temo saber,
es que la muerte de mi tío distó mucho de ser natural.

He fell on a narrow hill street leading up from an
ancient waterfront swarming with foreign mongrels,

Cayó en una estrecha calle de la colina que sube desde un
antiguo muelle plagado de mestizos extranjeros,

after a careless push from a negro sailor.

tras un descuidado empujón de un marinero negro.

72.4 I did not forget the mixed blood and marine pursuits of the cult-members in Louisiana,

No olvidaba la mezcla de sangre y las actividades marinas de los miembros de la secta en Luisiana,

72.5 and would not be surprized to learn of secret methods and poison needles as ruthless and as anciently known as the cryptic rites and beliefs.

y no me sorprendería saber de métodos secretos y agujas envenenadas tan despiadados y tan antiguamente conocidos como los ritos y creencias crípticos.

72.6 Legrasse and his men, it is true, have been let alone; but in Norway a certain seaman who saw things is dead.

Es cierto que se ha dejado en paz a Legrasse y sus hombres, pero en Noruega ha muerto cierto marino que vio cosas.

72.7 Might not the deeper inquiries of my uncle after encountering the sculptor's data have come to sinister ears?

¿No habrán llegado a oídos siniestros las indagaciones más profundas de mi tío tras toparse con los datos del escultor?

72.8 I think Professor Angell died because he knew too much,

Creo que el profesor Angell murió porque sabía demasiado,

72.9 or because he was likely to learn too much.

o porque era probable que supiera demasiado.

72.10 Whether I shall go as he did remains to be seen,

Queda por ver si yo haré como él,

72.11 for I have learned much now.

pues ahora he aprendido mucho.

3. The Madness from the Sea.

74.1

3. La locura del mar.

If heaven ever wishes to grant me a boon,

75.1

Si alguna vez el cielo quiere concederme una bendición,

it will be a total effacing of the results of a mere chance which fixed my eye on a certain stray piece of shelf-paper.

75.2

será la de borrar por completo los resultados de una mera casualidad que fijó mi vista en cierto trozo de papel de estantería extraviado.

It was nothing on which I would naturally have stumbled in the course of my daily round, for it was an old number of an Australian journal, Sydney Bulletin for April 18, 1925.

75.3

No era nada con lo que hubiera tropezado naturalmente en el curso de mi ronda diaria, pues era un viejo número de una revista australiana, el Sydney Bulletin del 18 de abril de 1925.

It had escaped even the cutting bureau which had at the time of its issuance been avidly collecting material for my uncle's research.

75.4

Se había escapado incluso de la mesa de corte que en el momento de su publicación había estado recopilando ávidamente material para la investigación de mi tío.

76.1 I had largely given over my inquiries into what Professor Angell called the "Cthulhu Cult," and was visiting a learned friend of Paterson, New Jersey, the curator of a local museum and a mineralogist of note.

Yo había abandonado en gran parte mis investigaciones sobre lo que el profesor Angell llamaba el "Culto de Cthulhu", y estaba visitando a un erudito amigo de Paterson, Nueva Jersey, conservador de un museo local y mineralogista de renombre.

76.2 Examining one day the reserve specimens roughly set on the storage shelves in a rear room of the museum,

Examinando un día los especímenes de reserva colocados toscamente en los estantes de almacenamiento de una sala trasera del museo,

76.3 my eye was caught by an odd picture in one of the old papers spread beneath the stones.

me llamó la atención una extraña fotografía en uno de los viejos periódicos extendidos bajo las piedras.

76.4 It was the Sydney Bulletin I have mentioned,

Era el Sydney Bulletin que he mencionado,

76.5 for my friend has wide affiliations in all conceivable foreign parts;

pues mi amigo tiene amplias afiliaciones en todas las partes extranjeras imaginables;

76.6 and the picture was a half-tone cut of a hideous stone image almost identical with that which Legrasse had found in the swamp.

y la foto era un corte a medio tono de una horrible imagen de piedra casi idéntica a la que Legrasse había encontrado en el pantano.

Eagerly clearing the sheet of its precious contents, 77.1
Me apresuré a vaciar la hoja de su valioso contenido y la
examiné con detenimiento,

I scanned the item in detail; and was disappointed to 77.2
find it of only moderate length.
decepcionado al comprobar que sólo tenía una extensión
moderada.

What it suggested, however, was of portentous 77.3
significance to my flagging quest; and I carefully
tore it out for immediate action.
Lo que sugería, sin embargo, era de un significado
portentoso para mi vacilante búsqueda, y lo arranqué
cuidadosamente para actuar de inmediato.

It read as follows: 77.4
Decía lo siguiente:

MYSTERY DERELICT FOUND AT SEA 78.1
MISTERIOSO DERRELICTO HALLADO EN EL MAR

Vigilant Arrives With Helpless Armed New Zealand 79.1
Yacht in Tow.
El Vigilant llega con un yate neozelandés armado.

One Survivor and Dead Man Found Aboard. 79.2
Un superviviente y un muerto a bordo.

Tale of Desperate Battle and Deaths at Sea. 79.3
Historia de una batalla desesperada y muertes en el mar.

Rescued Seaman Refuses Particulars of Strange 79.4
Experience.
El marinero rescatado niega detalles de su extraña
experiencia.

79.5 **Odd Idol Found in His Possession. Inquiry to Follow.**
Extraño ídolo hallado en su poder. Investigación posterior.

81.1 **The Morrison Co.' s freighter Vigilant, bound from Valparaiso, arrived this morning at its wharf in Darling Harbour, having in tow the battled and disabled but heavily armed steam yacht Alert of Dunedin, N. Z., which was sighted April 12th in S. Latitude 34° 21', W. Longitude 152° 17', with one living and one dead man aboard. .**
El carguero Vigilant de la compañía Morrison, procedente de Valparaíso, llegó esta mañana a su muelle en Darling Harbour, llevando a remolque el yate de vapor Alert de Dunedin, N. Z., que fue avistado el 12 de abril en la latitud S. 34° 21', O. longitud 152° 17', con un hombre vivo y otro muerto a bordo.

82.1 **The Vigilant left Valparaiso March 25th, and on April 2d was driven considerably south of her course by exceptionally heavy storms and monster waves.**
El Vigilant zarpó de Valparaíso el 25 de marzo y el 2 de abril se desvió considerablemente de su rumbo debido a tormentas excepcionalmente fuertes y olas monstruosas.

On April 12th the derelict was sighted; and though apparently deserted, was found upon boarding to contain one survivor in a half-delirious condition and one man who had evidently been dead for more than a week.

82.2

El 12 de abril se avistó el barco abandonado y, aunque aparentemente estaba desierto, al subir a bordo se descubrió que había un superviviente medio delirante y un hombre que evidentemente llevaba muerto más de una semana.

The living man was clutching a horrible stone idol of unknown origin, about a foot in height, regarding whose nature authorities at Sydney University, the Royal Society, and the Museum in College Street all profess complete bafflement, and which the survivor says he found in the cabin of the yacht, in a small carved shrine of common pattern.

83.1

El hombre vivo agarraba un horrible ídolo de piedra de origen desconocido, de unos treinta centímetros de altura, respecto a cuya naturaleza las autoridades de la Universidad de Sydney, la Royal Society y el Museo de College Street manifiestan total desconcierto, y que el superviviente dice haber encontrado en el camarote del yate, en un pequeño relicario tallado de dibujo común.

This man, after recovering his senses, told an exceedingly strange story of piracy and slaughter.

84.1

Este hombre, después de recobrar el sentido, contó una historia sumamente extraña de piratería y matanza.

84.2   He is Gustaf Johansen, a Norwegian of some intelligence, and had been second mate of the two-masted schooner Emma of Auckland, which sailed for Callao February 20th, with a complement of eleven men.

Se trata de Gustaf Johansen, un noruego de cierta inteligencia, que había sido segundo oficial de la goleta de dos mástiles Emma de Auckland, que zarpó para el Callao el 20 de febrero, con una dotación de once hombres.

85.1   The Emma, he says, was delayed and thrown widely south of her course by the great storm of March 1st, and on March 22d, in S. Latitude 49° 51′, W. Longitude 128° 34′, encountered the Alert, manned by a queer and evil-looking crew of Kanakas and half-castes.

El Emma, dice, fue retrasado y desviado ampliamente de su curso por la gran tormenta del 1 de marzo, y el 22 de marzo, en la latitud S. 49° 51′, O.

85.2   Being ordered peremptorily to turn back, Capt. Collins refused; whereupon the strange crew began to fire savagely and without warning upon the schooner with a peculiarly heavy battery of brass cannon forming part of the yacht's equipment. .

longitud 128° 34′, se encontró con el Alerta, tripulado por una extraña y malvada tripulación de Kanakas y mestizos. Al ordenársele perentoriamente que diera la vuelta, el capitán Collins se negó, tras lo cual la extraña tripulación comenzó a disparar salvajemente y sin previo aviso contra la goleta con una batería peculiarmente pesada de cañones de latón que formaban parte del equipo del yate.

The Emma's men showed fight, says the survivor, 86.1
and though the schooner began to sink from shots
beneath the waterline they managed to heave
alongside their enemy and board her, grappling with
the savage crew on the yacht's deck, and being forced
to kill them all, the number being slightly superior,
because of their particularly abhorrent and desperate
though rather clumsy mode of fighting.

Los hombres del Emma demostraron lucha, dice el
superviviente, y aunque la goleta empezó a hundirse
por los disparos bajo la línea de flotación, consiguieron
ponerse al lado de su enemigo y abordarlo, forcejeando con
la salvaje tripulación en la cubierta del yate, y viéndose
obligados a matarlos a todos, siendo el número ligeramente
superior, debido a su modo de lucha particularmente
aborrecible y desesperado, aunque bastante torpe.

Three of the Emma's men, including Capt. Collins 87.1
and First Mate Green, were killed;

Tres de los hombres del Emma, entre ellos el capitán
Collins y el primer oficial Green, resultaron muertos;

and the remaining eight under Second Mate 87.2
Johansen proceeded to navigate the captured yacht,
going ahead in their original direction to see if any
reason for their ordering back had existed.

y los ocho restantes, al mando del segundo oficial Johansen,
procedieron a navegar en el yate capturado, adelantándose
en su dirección original para ver si había existido alguna
razón para darles la orden de regresar.

The next day, it appears, they raised and landed on a 88.1
small island, although none is known to exist in that
part of the ocean;

Al día siguiente, al parecer, se elevaron y desembarcaron
en una pequeña isla, aunque no se sabe de la existencia de
ninguna en esa parte del océano;

88.2 and six of the men somehow died ashore,

y seis de los hombres murieron de alguna manera en tierra,

88.3 though Johansen is queerly reticent about this part of his story and speaks only of their falling into a rock chasm.

aunque Johansen es extrañamente reticente sobre esta parte de su historia y sólo habla de su caída en un abismo de roca.

89.1 Later, it seems, he and one companion boarded the yacht and tried to manage her, but were beaten about by the storm of April 2nd.

Más tarde, parece que él y un compañero subieron a bordo del yate e intentaron manejarlo, pero fueron golpeados por la tormenta del 2 de abril.

90.1 From that time till his rescue on the 12th, the man remembers little, and he does not even recall when William Briden, his companion, died.

Desde ese momento hasta su rescate el día 12, el hombre recuerda poco, y ni siquiera recuerda cuándo murió William Briden, su compañero.

90.2 Briden's death reveals no apparent cause,

La muerte de Briden no revela ninguna causa aparente,

90.3 and was probably due to excitement or exposure.

y probablemente se debió a la excitación o a la exposición.

91.1 Cable advices from Dunedin report that the Alert was well known there as an island trader,

Los telegramas de Dunedin informan de que el Alerta era muy conocido allí como comerciante isleño,

and bore an evil reputation along the waterfront. 91.2
y tenía mala reputación en los muelles.

It was owned by a curious group of half-castes whose 91.3
frequent meetings and night trips to the woods
attracted no little curiosity;
Era propiedad de un curioso grupo de mestizos cuyas
frecuentes reuniones y viajes nocturnos al bosque atraían
no poca curiosidad;

and it had set sail in great haste just after the storm 91.4
and earth tremors of March 1st.
y había zarpado a toda prisa justo después de la tormenta y
los temblores de tierra del 1 de marzo.

Our Auckland correspondent gives the Emma and her 92.1
crew an excellent reputation,
Nuestro corresponsal en Auckland da al Emma y a su
tripulación una excelente reputación,

and Johansen is described as a sober and worthy 92.2
man.
y Johansen es descrito como un hombre sobrio y digno.

The admiralty will institute an inquiry on the whole 93.1
matter beginning tomorrow,
El almirantazgo abrirá una investigación sobre el asunto a
partir de mañana,

at which every effort will be made to induce 93.2
Johansen to speak more freely than he has done
hitherto.
en la que se hará todo lo posible para inducir a Johansen a
hablar más libremente de lo que lo ha hecho hasta ahora.

95.1 This was all, together with the picture of the hellish image;

Esto era todo, junto con el cuadro de la imagen infernal;

95.2 but what a train of ideas it started in my mind!

¡pero qué tren de ideas inició en mi mente!

95.3 Here were new treasuries of data on the Cthulhu Cult,

Aquí había nuevos tesoros de datos sobre el Culto de Cthulhu,

95.4 and evidence that it had strange interests at sea as well as on land.

y pruebas de que tenía extraños intereses tanto en el mar como en tierra.

95.5 What motive prompted the hybrid crew to order back the Emma as they sailed about with their hideous idol?

¿Qué motivo impulsó a la tripulación híbrida a ordenar el regreso del Emma mientras navegaban con su horrible ídolo?

95.6 What was the unknown island on which six of the Emma's crew had died,

¿Cuál era la isla desconocida en la que habían muerto seis tripulantes del Emma,

95.7 and about which the mate Johansen was so secretive?

y sobre la que el oficial Johansen se mostraba tan reservado?

What had the vice-admiralty's investigation brought out,

95.8

¿Qué había sacado a la luz la investigación del vicealmirantazgo,

and what was known of the noxious cult in Dunedin?

95.9

y qué se sabía del nocivo culto de Dunedin?

And most marvelous of all,

95.10

Y lo más maravilloso de todo,

what deep and more than natural linkage of dates was this which gave a malign and now undeniable significance to the various turns of events so carefully noted by my uncle?

95.11

¿qué profunda y más que natural vinculación de fechas era ésta que daba un significado maligno y ahora innegable a los diversos giros de los acontecimientos tan cuidadosamente anotados por mi tío?

March 1st -

96.1

El 1 de marzo -

our February 28th according to the International Date Line -

96.2

nuestro 28 de febrero según la Línea Internacional de Fechas -

the earthquake and storm had come.

96.3

habían llegado el terremoto y la tormenta.

96.4 From Dunedin the Alert and her noisome crew had darted eagerly forth as if imperiously summoned, and on the other side of the earth poets and artists had begun to dream of a strange, dank Cyclopean city whilst a young sculptor had molded in his sleep the form of the dreaded Cthulhu.

Desde Dunedin, el Alerta y su ruidosa tripulación se habían lanzado ansiosamente hacia adelante como si hubieran sido imperiosamente convocados, y al otro lado de la tierra poetas y artistas habían comenzado a soñar con una extraña y húmeda ciudad ciclópea, mientras que un joven escultor había moldeado en sueños la forma del temible Cthulhu.

96.5 March 23rd the crew of the Emma landed on an unknown island and left six men dead;

El 23 de marzo, la tripulación del Emma desembarcó en una isla desconocida y dejó seis hombres muertos;

96.6 and on that date the dreams of sensitive men assumed a heightened vividness and darkened with dread of a giant monster's malign pursuit,

y en esa fecha los sueños de los hombres sensibles adquirieron una mayor vivacidad y se oscurecieron con el temor de la persecución maligna de un monstruo gigante,

96.7 whilst an architect had gone mad and a sculptor had lapsed suddenly into delirium.

mientras que un arquitecto se había vuelto loco y un escultor había caído repentinamente en el delirio.

96.8 And what of this storm of April 2nd — the date on which all dreams of the dank city ceased,

¿Y qué hay de la tormenta del 2 de abril,

and Wilcox emerged unharmed from the bondage of strange fever?

96.9

fecha en que cesaron todos los sueños de la húmeda ciudad y Wilcox salió ileso de la esclavitud de la extraña fiebre?

What of all this — and of those hints of old Castro about the sunken, star-born Old Ones and their coming reign;

96.10

¿Qué hay de todo esto y de las insinuaciones del viejo Castro sobre los Antiguos hundidos y nacidos de las estrellas y su próximo reinado;

their faithful cult and their mastery of dreams?

96.11

su culto fiel y su dominio de los sueños?

Was I tottering on the brink of cosmic horrors beyond man's power to bear?

96.12

¿Estaba yo tambaleándome al borde de horrores cósmicos insoportables para el hombre?

If so, they must be horrors of the mind alone, for in some way the second of April had put a stop to whatever monstrous menace had begun its siege of mankind's soul.

96.13

De ser así, debían de ser horrores sólo de la mente, pues de algún modo el dos de abril había puesto fin a cualquier monstruosa amenaza que hubiera comenzado su asedio al alma de la humanidad.

98.1 That evening, after a day of hurried cabling and arranging, I bade my host adieu and took a train for San Francisco.

Aquella noche, tras un día de apresurados cableados y arreglos, me despedí de mi anfitrión y tomé un tren para San Francisco.

98.2 In less than a month I was in Dunedin; where, however, I found that little was known of the strange cult-members who had lingered in the old sea taverns.

En menos de un mes estaba en Dunedin, donde, sin embargo, descubrí que poco se sabía de los extraños miembros de la secta que habían permanecido en las viejas tabernas marineras.

98.3 Waterfront scum was far too common for special mention;

La escoria de los muelles era demasiado común para una mención especial;

98.4 though there was vague talk about one inland trip these mongrels had made,

aunque se hablaba vagamente de un viaje al interior que habían hecho estos mestizos,

98.5 during which faint drumming and red flame were noted on the distant hills.

durante el cual se notaron débiles tambores y llamas rojas en las colinas distantes.

99.1 In Auckland I learned that Johansen had returned with yellow hair turned white after a perfunctory and inconclusive questioning at Sydney,

En Auckland me enteré de que Johansen había regresado con el pelo amarillo vuelto blanco después de un interrogatorio superficial e inconcluso en Sydney,

and had thereafter sold his cottage in West Street and sailed with his wife to his old home in Oslo. 99.2

y que a partir de entonces había vendido su casa de West Street y se había embarcado con su esposa rumbo a su antiguo hogar en Oslo.

Of his stirring experience he would tell his friends no more than he had told the admiralty officials, 99.3

De su conmovedora experiencia no quiso decir a sus amigos más de lo que había dicho a los oficiales del almirantazgo,

and all they could do was to give me his Oslo address. 99.4

y todo lo que pudieron hacer fue darme su dirección de Oslo.

After that I went to Sydney and talked profitlessly with seamen and members of the vice-admiralty court. 100.1

Después fui a Sydney y hablé sin provecho con marinos y miembros del tribunal del vicealmirantazgo.

I saw the Alert, now sold and in commercial use, at Circular Quay in Sydney Cove, but gained nothing from its non-committal bulk. 100.2

Vi el Alerta, ahora vendido y en uso comercial, en el muelle Circular de la ensenada de Sydney, pero no saqué nada en limpio de su bulto.

The crouching image with its cuttlefish head, dragon body, scaly wings, and hieroglyphed pedestal, was preserved in the Museum at Hyde Park; 100.3

La imagen agazapada, con su cabeza de sepia, su cuerpo de dragón, sus alas escamosas y su pedestal jeroglífico, se conservaba en el Museo de Hyde Park;

100.4 and I studied it long and well, finding it a thing of balefully exquisite workmanship, and with the same utter mystery, terrible antiquity, and unearthly strangeness of material which I had noted in Legrasse's smaller specimen.

la estudié largo y tendido, y la encontré de una factura terriblemente exquisita, con el mismo misterio absoluto, la misma terrible antigüedad y la misma extrañeza sobrenatural del material que había observado en el ejemplar más pequeño de Legrasse.

100.5 Geologists, the curator told me, had found it a monstrous puzzle; for they vowed that the world held no rock like it.

Los geólogos, me dijo el conservador, la habían encontrado un monstruoso rompecabezas, pues juraban que el mundo no tenía una roca igual.

100.6 Then I thought with a shudder of what old Castro had told Legrasse about the primal Great Ones:

Entonces pensé con un escalofrío en lo que el viejo Castro había contado a Legrasse sobre los Grandes Primigenios:

100.7 "They had come from the stars,

"Habían venido de las estrellas,

100.8 and had brought Their images with Them."

y habían traído Sus imágenes con Ellos."

101.1 Shaken with such a mental revolution as I had never before known,

Sacudido por una revolución mental como nunca antes había conocido,

101.2 I now resolved to visit Mate Johansen in Oslo.

resolví visitar a Mate Johansen en Oslo.

Sailing for London, I re-embarked at once for the 101.3
Norwegian capital; and one autumn day landed at the
trim wharves in the shadow of the Egeberg.

Navegando hacia Londres, embarqué de inmediato hacia
la capital noruega, y un día de otoño desembarqué en los
muelles a la sombra del Egeberg.

Johansen's address, I discovered, lay in the Old Town 102.1
of King Harold Haardrada, which kept alive the name
of Oslo during all the centuries that the greater city
masqueraded as

Descubrí que la dirección de Johansen estaba en la Ciudad
Vieja del rey Harold Haardrada, que mantuvo vivo el
nombre de Oslo durante todos los siglos en que la gran
ciudad se disfrazó de

"Christiania." I made the brief trip by taxicab, 102.2

"Christiania." Hice el breve trayecto en taxi,

and knocked with palpitant heart at the door of a 102.3
neat and ancient building with plastered front.

y llamé con el corazón palpitante a la puerta de un pulcro y
antiguo edificio de fachada enlucida.

A sad-faced woman in black answered my summons, 102.4

Una mujer vestida de negro y con cara triste respondió a mi
llamada,

and I was stung with disappointment when she told 102.5
me in halting English that Gustaf Johansen was no
more.

y sentí una gran decepción cuando me dijo en un inglés
entrecortado que Gustaf Johansen ya no existía.

103.1 **He had not long survived his return, said his wife, for the doings at sea in 1925 had broken him.**

No había sobrevivido mucho tiempo a su regreso, dijo su esposa, pues los sucesos del mar en 1925 le habían destrozado.

103.2 **He had told her no more than he had told the public,**

No le había contado más de lo que había contado al público,

103.3 **but had left a long manuscript -**

pero había dejado un largo manuscrito -

103.4 **of "technical matters" as he said - written in English,**

de "asuntos técnicos", como él decía - escrito en inglés,

103.5 **evidently in order to safeguard her from the peril of casual perusal.**

evidentemente para protegerla del peligro de una lectura casual.

103.6 **During a walk through a narrow lane near the Gothenburg dock,**

Durante un paseo por una estrecha callejuela cercana al muelle de Gotemburgo,

103.7 **a bundle of papers falling from an attic window had knocked him down.**

un fajo de papeles que caía desde la ventana de un ático le había derribado.

103.8 **Two Lascar sailors at once helped him to his feet,**

Dos marineros de Lascar le ayudaron a ponerse en pie,

103.9 **but before the ambulance could reach him he was dead.**

pero antes de que llegara la ambulancia había muerto.

Physicians found no adequate cause for the end, and laid it to heart trouble and a weakened constitution. 103.10
Los médicos no encontraron ninguna causa adecuada para su muerte y la achacaron a problemas cardíacos y a una constitución debilitada.

I now felt gnawing at my vitals that dark terror which will never leave me till I, too, am at rest; 104.1
Ahora sentía que me roía las entrañas ese oscuro terror que nunca me abandonará hasta que yo también descanse,

"accidentally" or otherwise. 104.2
"accidentalmente" o no.

Persuading the widow that my connection with her husband's 104.3
Convenciendo a la viuda de que mi relación con los

"technical matters" 104.4
"asuntos técnicos"

was sufficient to entitle me to his manuscript, 104.5
de su marido era suficiente para darme derecho a su manuscrito,

I bore the document away and began to read it on the London boat. 104.6
me llevé el documento y empecé a leerlo en el barco de Londres.

It was a simple, rambling thing - 105.1
Era algo sencillo y farragoso -

a naive sailor's effort at a post-facto diary - 105.2
el ingenuo esfuerzo de un marinero por escribir un diario a posteriori -

105.3 and strove to recall day by day that last awful voyage.

y trataba de recordar día a día aquel último y horrible viaje.

105.4 I can not attempt to transcribe it verbatim in all its cloudiness and redundance,

No puedo intentar transcribirlo literalmente en toda su nubosidad y redundancia,

105.5 but I will tell its gist enough to show why the sound of the water against the vessel's sides became so unendurable to me that I stopped my ears with cotton.

pero contaré su esencia lo suficiente como para mostrar por qué el sonido del agua contra los costados del barco se me hizo tan insoportable que me taponé los oídos con algodón.

106.1 Johansen, thank God, did not know quite all,

Johansen, gracias a Dios, no lo sabía todo,

106.2 even though he saw the city and the Thing,

aunque vio la ciudad y la Cosa,

106.3 but I shall never sleep calmly again when I think of the horrors that lurk ceaselessly behind life in time and in space,

pero nunca volveré a dormir tranquilo cuando piense en los horrores que acechan incesantemente tras la vida en el tiempo y en el espacio,

106.4 and of those unhallowed blasphemies from elder stars which dream beneath the sea,

y en esas blasfemias profanas de las estrellas mayores que sueñan bajo el mar,

known and favored by a nightmare cult ready and
eager to loose them on the world whenever another
earthquake shall heave their monstrous stone city
again to the sun and air.

conocidas y favorecidas por un culto de pesadilla listo y
deseoso de soltarlas sobre el mundo cuando otro terremoto
vuelva a levantar su monstruosa ciudad de piedra al sol y al
aire.

Johansen's voyage had begun just as he told it to the
vice-admiralty.

El viaje de Johansen había comenzado tal como él lo contó
al vicealmirantazgo.

The Emma, in ballast, had cleared Auckland on
February 20th, and had felt the full force of that
earthquake-born tempest which must have heaved
up from the sea-bottom the horrors that filled men's
dreams.

El Emma, en lastre, había salido de Auckland el 20 de
febrero, y había sentido toda la fuerza de aquella tempestad
nacida de un terremoto que debió de haber levantado del
fondo del mar los horrores que llenaban los sueños de los
hombres.

Once more under control, the ship was making good
progress when held up by the Alert on March 22nd,
and I could feel the mate's regret as he wrote of her
bombardment and sinking.

Una vez más bajo control, el barco avanzaba a buen
ritmo cuando fue detenido por la Alerta el 22 de marzo,
y pude sentir el pesar del oficial cuando escribió sobre su
bombardeo y hundimiento.

108.4 Of the swarthy cult-fiends on the Alert he speaks with significant horror.

Hablaba con gran horror de los fanáticos morenos del Alerta.

108.5 There was some peculiarly abominable quality about them which made their destruction seem almost a duty,

Había en ellos una cualidad peculiarmente abominable que hacía que su destrucción pareciese casi un deber,

108.6 and Johansen shows ingenuous wonder at the charge of ruthlessness brought against his party during the proceedings of the court of inquiry.

y Johansen muestra un ingenuo asombro ante la acusación de crueldad formulada contra su grupo durante los procedimientos del tribunal de investigación.

108.7 Then, driven ahead by curiosity in their captured yacht under Johansen's command, the men sight a great stone pillar sticking out of the sea, and in S. Latitude 47° 9', W. Longitude 126° 43'

Luego, impulsados por la curiosidad en su yate capturado bajo el mando de Johansen, los hombres avistan un gran pilar de piedra que sobresale del mar, y en la latitud S. 47° 9', O longitud 126° 43'

come upon a coastline of mingled mud, ooze, and 108.8
weedy Cyclopean masonry which can be nothing
less than the tangible substance of earth's supreme
terror — the nightmare corpse-city of R'lyeh, that
was built in measureless eons behind history by the
vast, loathsome shapes that seeped down from the
dark stars.

se topan con una línea costera de barro mezclado, exudado
y albañilería ciclópea que no puede ser otra cosa que la
sustancia tangible del terror supremo de la Tierra: la
ciudad-cadáver de pesadilla de R'lyeh, que fue construida
en eones inconmensurables detrás de la historia por las
vastas y repugnantes formas que se filtraron desde las
estrellas oscuras.

There lay great Cthulhu and his hordes, hidden in 108.9
green slimy vaults and sending out at last, after cycles
incalculable, the thoughts that spread fear to the
dreams of the sensitive and called imperiously to the
faithful to come on a pilgrimage of liberation and
restoration.

Allí yacían el gran Cthulhu y sus hordas, ocultos en verdes
bóvedas viscosas y enviando al fin, tras ciclos incalculables,
los pensamientos que sembraban el miedo en los sueños
de los sensibles y llamaban imperiosamente a los fieles a
acudir en peregrinación de liberación y restauración.

All this Johansen did not suspect, 108.10

Todo esto Johansen no lo sospechaba,

but God knows he soon saw enough! 108.11

¡pero Dios sabe que pronto vio lo suficiente!

109.1 I suppose that only a single mountain-top, the hideous monolith-crowned citadel whereon great Cthulhu was buried, actually emerged from the waters.

Supongo que sólo la cima de una montaña, la horrible ciudadela coronada de monolitos donde fue enterrado el gran Cthulhu, emergió realmente de las aguas.

109.2 When I think of the extent of all that may be brooding down there I almost wish to kill myself forthwith.

Cuando pienso en el alcance de todo lo que puede estar rumiando ahí abajo, casi deseo suicidarme de inmediato.

109.3 Johansen and his men were awed by the cosmic majesty of this dripping Babylon of elder demons,

Johansen y sus hombres estaban sobrecogidos por la majestuosidad cósmica de esta Babilonia chorreante de demonios ancianos,

109.4 and must have guessed without guidance that it was nothing of this or of any sane planet.

y debieron adivinar sin guía que no era nada de este ni de ningún planeta cuerdo.

109.5 Awe at the unbelievable size of the greenish stone blocks, at the dizzying height of the great carven monolith, and at the stupefying identity of the colossal statues and bas-reliefs with the queer image found in the shrine on the Alert, is poignantly visible in every line of the mate's frightened description.

El asombro ante el increíble tamaño de los bloques de piedra verdosa, ante la vertiginosa altura del gran monolito tallado y ante la estupefaciente identidad de las colosales estatuas y bajorrelieves con la extraña imagen encontrada en el santuario de la Alerta, es conmovedoramente visible en cada línea de la asustada descripción del compañero.

Without knowing what futurism is like,

Sin saber cómo es el futurismo,

Johansen achieved something very close to it when he spoke of the city;

Johansen logró algo muy cercano a él cuando habló de la ciudad;

for instead of describing any definite structure or building,

porque en lugar de describir cualquier estructura o edificio definido,

he dwells only on the broad impressions of vast angles and stone surfaces -

se detiene sólo en las amplias impresiones de vastos ángulos y superficies de piedra -

surfaces too great to belong to anything right or proper for this earth,

superficies demasiado grandes para pertenecer a algo correcto o propio de esta tierra,

and impious with horrible images and hieroglyphs.

e impías con horribles imágenes y jeroglíficos.

I mention his talk about angles because it suggests something Wilcox had told me of his awful dreams.

Menciono su discurso sobre los ángulos porque sugiere algo que Wilcox me había contado de sus horribles sueños.

He had said that the geometry of the dream-place he saw was abnormal, non-Euclidean, and loathsomely redolent of spheres and dimensions apart from ours.

Había dicho que la geometría del lugar que vio en sueños era anormal, no euclidiana y repugnantemente evocadora de esferas y dimensiones distintas de las nuestras.

110.9 Now an unlettered seaman felt the same thing whilst gazing at the terrible reality.

Ahora, un marino iletrado sentía lo mismo al contemplar la terrible realidad.

111.1 Johansen and his men landed at a sloping mud-bank on this monstrous Acropolis,

Johansen y sus hombres desembarcaron en un talud de barro de esta monstruosa Acrópolis,

111.2 and clambered slipperily up over titan oozy blocks which could have been no mortal staircase.

y treparon resbaladizamente por titánicos bloques viscosos que no podían ser una escalera mortal.

111.3 The very sun of heaven seemed distorted when viewed through the polarizing miasma welling out from this sea-soaked perversion,

El mismísimo sol del cielo parecía distorsionado cuando se miraba a través del miasma polarizante que brotaba de esta perversión bañada por el mar,

111.4 and twisted menace and suspense lurked leeringly in those crazily elusive angles of carven rock where a second glance showed concavity after the first showed convexity.

y la amenaza retorcida y el suspense acechaban lascivamente en aquellos ángulos locamente escurridizos de roca tallada donde una segunda mirada mostraba concavidad después de que la primera mostrara convexidad.

Something very like fright had come over all the explorers before anything more definite than rock and ooze and weed was seen. 112.1

Algo parecido al miedo se apoderó de todos los exploradores antes de que vieran algo más definido que rocas, exudado y maleza.

Each would have fled had he not feared the scorn of the others, 112.2

Cada uno de ellos habría huido si no hubiera temido el desprecio de los demás,

and it was only half-heartedly that they searched - vainly, 112.3

y sólo con poco entusiasmo buscaron - en vano,

as it proved - for some portable souvenir to bear away. 112.4

como se demostró - algún recuerdo portátil que llevarse.

It was Rodriguez the Portuguese who climbed up the foot of the monolith and shouted of what he had found. 113.1

Fue Rodríguez el portugués que subió al pie del monolito y gritó lo que había encontrado.

The rest followed him, and looked curiously at the immense carved door with the now familiar squid-dragon bas-relief. 113.2

Los demás le siguieron y miraron con curiosidad la inmensa puerta tallada con el ya familiar bajorrelieve del dragón calamar.

It was, Johansen said, like a great barn-door; 113.3

Era, dijo Johansen, como una gran puerta de granero;

113.4 and they all felt that it was a door because of the ornate lintel, threshold, and jambs around it, though they could not decide whether it lay flat like a trap-door or slantwise like an outside cellar-door.

y todos pensaron que era una puerta por el dintel ornamentado, el umbral y las jambas que la rodeaban, aunque no podían decidir si estaba plana como una trampilla o inclinada como la puerta exterior de un sótano.

113.5 As Wilcox would have said,

Como habría dicho Wilcox,

113.6 the geometry of the place was all wrong.

la geometría del lugar era errónea.

113.7 One could not be sure that the sea and the ground were horizontal,

No se podía estar seguro de que el mar y el suelo fueran horizontales,

113.8 hence the relative position of everything else seemed fantasmally variable.

por lo que la posición relativa de todo lo demás parecía fantásticamente variable.

114.1 Briden pushed at the stone in several places without result.

Briden presionó la piedra en varios puntos sin resultado.

114.2 Then Donovan felt over it delicately around the edge,

Luego Donovan palpó delicadamente el borde,

114.3 pressing each point separately as he went.

presionando cada punto por separado.

He climbed interminably along the grotesque stone molding - 114.4

Trepó interminablemente a lo largo de la grotesca moldura de piedra -

that is, 114.5

es decir,

one would call it climbing if the thing was not after all horizontal - 114.6

uno lo llamaría trepar si la cosa no fuera después de todo horizontal -

and the men wondered how any door in the universe could be so vast. 114.7

y los hombres se preguntaron cómo podía haber una puerta tan vasta en el universo.

Then, very softly and slowly, the acre-great panel began to give inward at the top; and they saw that it was balanced. 114.8

Entonces, muy suave y lentamente, el enorme panel comenzó a ceder hacia dentro en la parte superior, y vieron que estaba equilibrado.

Donovan slid or somehow propelled himself down or along the jamb and rejoined his fellows, 115.1

Donovan se deslizó o se impulsó de algún modo hacia abajo o a lo largo de la jamba y se reunió con sus compañeros,

and everyone watched the queer recession of the monstrously carven portal. 115.2

y todos observaron el extraño retroceso del monstruosamente tallado portal.

115.3 In this fantasy of prismatic distortion it moved anomalously in a diagonal way,

En esta fantasía de distorsión prismática se movía anómalamente en diagonal,

115.4 so that all the rules of matter and perspective seemed upset.

de modo que todas las reglas de la materia y la perspectiva parecían trastornadas.

116.1 The aperture was black with a darkness almost material.

La abertura era negra, con una oscuridad casi material.

116.2 That tenebrousness was indeed a positive quality; for it obscured such parts of the inner walls as ought to have been revealed, and actually burst forth like smoke from its eon-long imprisonment, visibly darkening the sun as it slunk away into the shrunken and gibbous sky on flapping membranous wings.

Aquella tenebrosidad era, de hecho, una cualidad positiva, pues oscurecía las partes de las paredes interiores que deberían haber quedado al descubierto y, de hecho, salía como humo de su eterno encierro, oscureciendo visiblemente el sol mientras se escabullía hacia el cielo encogido y giboso batiendo alas membranosas.

116.3 The odor arising from the newly opened depths was intolerable, and at length the quick-eared Hawkins thought he heard a nasty, slopping sound down there.

El olor que se desprendía de las profundidades recién abiertas era intolerable y, al final, el espabilado Hawkins creyó oír un sonido desagradable y resbaladizo allí abajo.

Everyone listened, and everyone was listening 116.4
still when It lumbered slobberingly into sight and
gropingly squeezed Its gelatinous green immensity
through the black doorway into the tainted outside
air of that poison city of madness.

Todo el mundo escuchaba, y todo el mundo seguía
escuchando cuando Aquello se acercó a la vista, babeando,
y metió a tientas su gelatinosa inmensidad verde por la
puerta negra hacia el aire contaminado del exterior de
aquella ciudad envenenada de locura.

Poor Johansen's handwriting almost gave out when 117.1
he wrote of this.

La letra del pobre Johansen casi falló cuando escribió sobre
esto.

Of the six men who never reached the ship, 117.2

De los seis hombres que nunca llegaron al barco,

he thinks two perished of pure fright in that accursed 117.3
instant.

cree que dos perecieron de puro miedo en aquel maldito
instante.

The Thing can not be described — there is no 117.4
language for such abysms of shrieking and
immemorial lunacy, such eldritch contradictions
of all matter, force, and cosmic order.

La Cosa no puede describirse; no hay lenguaje para
tales abismos de gritos y locura inmemorial, tales
contradicciones eldritch de toda materia, fuerza y orden
cósmico.

A mountain walked or stumbled. God! 117.5

Una montaña caminaba o tropezaba. ¡Dios!

117.6 **What wonder that across the earth a great architect went mad,**

¿Qué maravilla que al otro lado de la tierra un gran arquitecto enloqueciera,

117.7 **and poor Wilcox raved with fever in that telepathic instant?**

y el pobre Wilcox delirara de fiebre en aquel instante telepático?

117.8 **The Thing of the idols, the green, sticky spawn of the stars, had awaked to claim his own.**

La Cosa de los ídolos, el engendro verde y pegajoso de las estrellas, había despertado para reclamar lo suyo.

117.9 **The stars were right again, and what an age-old cult had failed to do by design, a band of innocent sailors had done by accident.**

Las estrellas volvían a tener razón, y lo que un culto milenario no había logrado hacer por designio, una banda de inocentes marineros lo había hecho por accidente.

117.10 **After vigintillions of years great Cthulhu was loose again, and ravening for delight.**

Después de vigintillones de años, el gran Cthulhu estaba suelto de nuevo, y voraz en busca de deleite.

118.1 **Three men were swept up by the flabby claws before anybody turned.**

Tres hombres fueron arrastrados por las garras flácidas antes de que nadie se diera la vuelta.

118.2 **God rest them, if there be any rest in the universe.**

Que en paz descansen, si es que hay descanso en el universo.

118.3 **They were Donovan, Guerrera and Angstrom.**

Eran Donovan, Guerrera y Angstrom.

Parker slipped as the other three were plunging
frenziedly over endless vistas of green-crusted rock
to the boat, 118.4

Parker resbaló mientras los otros tres se precipitaban
frenéticamente sobre interminables vistas de roca con
costra verde hacia el barco,

and Johansen swears he was swallowed up by an
angle of masonry which shouldn't have been there; 118.5

y Johansen jura que fue engullido por un ángulo de
mampostería que no debería haber estado allí;

an angle which was acute, 118.6

un ángulo que era agudo,

but behaved as if it were obtuse. 118.7

pero que se comportaba como si fuera obtuso.

So only Briden and Johansen reached the boat, 118.8

Así que sólo Briden y Johansen alcanzaron el bote,

and pulled desperately for the Alert as the
mountainous monstrosity flopped down the slimy
stones and hesitated floundering at the edge of the
water. 118.9

y tiraron desesperadamente del Alerta mientras la
monstruosidad montañosa se dejaba caer por las piedras
viscosas y vacilaba tambaleándose en el borde del agua.

119.1 Steam had not been suffered to go down entirely, despite the departure of all hands for the shore; and it was the work of only a few moments of feverish rushing up and down between wheels and engines to get the Alert under way.

A pesar de que todos los tripulantes se habían dirigido a la orilla, no se había permitido que el vapor bajase del todo, y bastaron unos instantes de febril trajín entre ruedas y máquinas para que el Alerta se pusiese en marcha.

119.2 Slowly, amidst the distorted horrors of that indescribable scene, she began to churn the lethal waters; whilst on the masonry of that charnel shore that was not of earth the titan Thing from the stars slavered and gibbered like Polypheme cursing the fleeing ship of Odysseus.

Lentamente, en medio de los horrores distorsionados de aquella escena indescriptible, comenzó a agitar las aguas letales, mientras que en la mampostería de aquella costa de escoria que no era de la tierra, la Cosa titánica de las estrellas se batía y farfullaba como Polifemo maldiciendo el barco de Odiseo que huía.

119.3 Then, bolder than the storied Cyclops, great Cthulhu slid greasily into the water and began to pursue with vast wave-raising strokes of cosmic potency.

Entonces, más audaz que los cíclopes, el gran Cthulhu se deslizó grasiento en el agua y comenzó a perseguir con vastos golpes de potencia cósmica que levantaban olas.

119.4 Briden looked back and went mad,

Briden miró hacia atrás y enloqueció,

laughing shrilly as he kept on laughing at intervals 119.5
till death found him one night in the cabin whilst
Johansen was wandering deliriously.

riendo estridentemente a intervalos hasta que la muerte
lo encontró una noche en el camarote mientras Johansen
deambulaba delirante.

But Johansen had not given out yet. 120.1

Pero Johansen aún no se había rendido.

Knowing that the Thing could surely overtake the 120.2
Alert until steam was fully up, he resolved on a
desperate chance; and, setting the engine for full
speed, ran lightning-like on deck and reversed the
wheel.

Sabiendo que la Cosa podría alcanzar al Alerta hasta que el
vapor estuviera a tope, decidió arriesgarse a la desesperada
y, poniendo el motor a toda velocidad, corrió como un rayo
a cubierta e invirtió el timón.

There was a mighty eddying and foaming in the 120.3
noisome brine, and as the steam mounted higher
and higher the brave Norwegian drove his vessel
head on against the pursuing jelly which rose above
the unclean froth like the stern of a demon galleon.

Se produjo un poderoso remolino y se formó espuma en la
ruidosa salmuera, y a medida que el vapor subía más y más,
el valiente noruego condujo su barco de frente contra la
gelatina que lo perseguía y que se elevaba por encima de la
inmunda espuma como la popa de un galeón demoníaco.

The awful squid-head with writhing feelers came 120.4
nearly up to the bowsprit of the sturdy yacht, but
Johansen drove on relentlessly.

La espantosa cabeza de calamar, con las antenas
retorciéndose, llegó casi hasta el bauprés del robusto yate,
pero Johansen siguió adelante sin descanso.

121.1 There was a bursting as of an exploding bladder, a
slushy nastiness as of a cloven sunfish, a stench as
of a thousand opened graves, and a sound that the
chronicler would not put on paper.

Hubo un estallido como el de una vejiga que explota, una
asquerosidad viscosa como la de un pez sol hendido, un
hedor como el de mil tumbas abiertas, y un sonido que el
cronista no pondría por escrito.

121.2 For an instant the ship was befouled by an acrid
and blinding green cloud, and then there was only a
venomous seething astern; where -

Durante un instante, el barco se vio ensuciado por una
nube verde, acre y cegadora, y luego sólo hubo un hervor
venenoso a popa, donde -

121.3 God in heaven!

¡Dios del cielo!

121.4 – the scattered plasticity of that nameless sky-spawn
was nebulously recombining in its hateful original
form,

– la plasticidad dispersa de aquel engendro celeste sin
nombre se recombinaba nebulosamente en su odiosa forma
original,

121.5 whilst its distance widened every second as the Alert
gained impetus from its mounting steam.

mientras su distancia se ensanchaba cada segundo a
medida que el Alerta ganaba ímpetu con su creciente vapor.

123.1 That was all.

Eso fue todo.

After that Johansen only brooded over the idol in the cabin and attended to a few matters of food for himself and the laughing maniac by his side. 123.2

Después de eso, Johansen se limitó a meditar sobre el ídolo en la cabina y a ocuparse de algunos asuntos de comida para sí mismo y para el maníaco que reía a su lado.

He did not try to navigate after the first bold flight, 123.3

No intentó navegar después del primer vuelo audaz,

for the reaction had taken something out of his soul. 123.4

pues la reacción le había sacado algo del alma.

Then came the storm of April 2nd, and a gathering of the clouds about his consciousness. 123.5

Entonces llegó la tormenta del 2 de abril y las nubes se agolparon en torno a su conciencia.

There is a sense of spectral whirling through liquid gulfs of infinity, of dizzying rides through reeling universes on a comet's tail, and of hysterical plunges from the pit to the moon and from the moon back again to the pit, all livened by a cachinnating chorus of the distorted, hilarious elder gods and the green, bat-winged mocking imps of Tartarus. 123.6

Hay una sensación de torbellino espectral a través de los golfos líquidos del infinito, de vertiginosos paseos a través de universos tambaleantes en la cola de un cometa, y de histéricas caídas desde la fosa a la luna y desde la luna de nuevo a la fosa, todo ello amenizado por un coro cachinante de los distorsionados e hilarantes dioses mayores y los verdes y burlones diablillos con alas de murciélago del Tártaro.

124.1 Out of that dream came rescue — the Vigilant, the vice-admiralty court, the streets of Dunedin, and the long voyage back home to the old house by the Egeberg.

De aquel sueño surgió el rescate: el Vigilante, el tribunal del vicealmirantazgo, las calles de Dunedin y el largo viaje de regreso a la vieja casa junto al Egeberg.

124.2 He could not tell — they would think him mad.

No podía contarlo, le tomarían por loco.

124.3 He would write of what he knew before death came,

Escribiría lo que sabía antes de que llegara la muerte,

124.4 but his wife must not guess.

pero su mujer no debía adivinarlo.

124.5 Death would be a boon if only it could blot out the memories.

La muerte sería una bendición si pudiera borrar los recuerdos.

125.1 That was the document I read,

Ese fue el documento que leí,

125.2 and now I have placed it in the tin box beside the bas-relief and the papers of Professor Angell.

y ahora lo he colocado en la caja de hojalata junto al bajorrelieve y los papeles del profesor Angell.

125.3 With it shall go this record of mine — this test of my own sanity, wherein is pieced together that which I hope may never be pieced together again.

Con él se irá este registro mío, esta prueba de mi propia cordura, en la que se reconstruye lo que espero que nunca vuelva a reconstruirse.

I have looked upon all that the universe has to hold of horror, 125.4

He contemplado todo lo que el universo tiene de horroroso,

and even the skies of spring and the flowers of summer must ever afterward be poison to me. 125.5

y hasta los cielos de la primavera y las flores del verano deben ser veneno para mí.

But I do not think my life will be long. 125.6

Pero no creo que mi vida sea larga.

As my uncle went, as poor Johansen went, so I shall go. 125.7

Como se fue mi tío, como se fue el pobre Johansen, así me iré yo.

I know too much, and the cult still lives. 125.8

Sé demasiado, y el culto aún vive.

Cthulhu still lives, too, I suppose, again in that chasm of stone which has shielded him since the sun was young. 126.1

Supongo que Cthulhu también vive aún en ese abismo de piedra que lo ha protegido desde que el sol era joven.

His accursed city is sunken once more, 126.2

Su ciudad maldita se ha hundido una vez más,

for the Vigilant sailed over the spot after the April storm; 126.3

pues el Vigilante navegó sobre el lugar tras la tormenta de abril;

126.4 but his ministers on earth still bellow and prance and slay around idol-capped monoliths in lonely places.
pero sus ministros en la tierra siguen bramando y brincando y matando alrededor de monolitos coronados de ídolos en lugares solitarios.

126.5 He must have been trapped by the sinking whilst within his black abyss,
Debe de haber quedado atrapado por el hundimiento mientras se encontraba en su negro abismo,

126.6 or else the world would by now be screaming with fright and frenzy.
pues de lo contrario el mundo estaría gritando ahora de espanto y frenesí.

126.7 Who knows the end? What has risen may sink,
¿Quién conoce el final? Lo que se ha elevado puede hundirse,

126.8 and what has sunk may rise.
y lo que se ha hundido puede elevarse.

126.9 Loathsomeness waits and dreams in the deep,
Lo repugnante espera y sueña en las profundidades,

126.10 and decay spreads over the tottering cities of men.
y la decadencia se extiende sobre las tambaleantes ciudades de los hombres.

126.11 A time will come — but I must not and can not think.
Llegará el momento, pero no debo ni puedo pensar.

Let me pray that, if I do not survive this manuscript, 126.12
my executors may put caution before audacity and
see that it meets no other eye.

Permítanme rogar que, si no sobrevivo a este manuscrito,
mis albaceas pongan la cautela por delante de la audacia y
se aseguren de que no encuentre otro ojo.

The Colour Out of Space

El color que cayó del cielo

THE COLOUR OUT OF SPACE
EL COLOR FUERA DEL ESPACIO

1.1 West of Arkham the hills rise wild,
Al oeste de Arkham las colinas se elevan salvajes,

1.2 and there are valleys with deep woods that no axe has ever cut.
y hay valles con profundos bosques que ningún hacha ha cortado jamás.

1.3 There are dark narrow glens where the trees slope fantastically, and where thin brooklets trickle without ever having caught the glint of sunlight.
Hay cañadas oscuras y estrechas en las que los árboles se inclinan fantásticamente y por las que corren delgados riachuelos que nunca han captado el destello de la luz del sol.

1.4 On the gentler slopes there are farms, ancient and rocky, with squat, moss-coated cottages brooding eternally over old New England secrets in the lee of great ledges;
En las laderas más suaves hay granjas, antiguas y rocosas, con casitas en cuclillas recubiertas de musgo que meditan eternamente sobre viejos secretos de Nueva Inglaterra al abrigo de grandes salientes;

but these are all vacant now,   1.5

pero todas ellas están vacías ahora,

the wide chimneys crumbling and the shingled sides   1.6
bulging perilously beneath low gambrel roofs.

con las anchas chimeneas desmoronándose y las tejas
abultándose peligrosamente bajo los bajos tejados a dos
aguas.

The old folk have gone away, and foreigners do not   2.1
like to live there.

Los viejos se han ido y a los extranjeros no les gusta vivir
allí.

French-Canadians have tried it, Italians have tried it,   2.2
and the Poles have come and departed.

Los franco-canadienses lo han intentado, los italianos
también, y los polacos han venido y se han ido.

It is not because of anything that can be seen or   2.3
heard or handled, but because of something that
is imagined.

No es por nada que pueda verse, oírse o tocarse, sino por
algo que se imagina.

The place is not good for imagination, and does not   2.4
bring restful dreams at night.

El lugar no es bueno para la imaginación y no proporciona
sueños tranquilos por la noche.

It must be this which keeps the foreigners away,   2.5

Debe ser esto lo que mantiene alejados a los extranjeros,

for old Ammi Pierce has never told them of anything   2.6
he recalls from the strange days.

pues el viejo Ammi Pierce nunca les ha contado nada que
recuerde de aquellos días extraños.

2.7 Ammi, whose head has been a little queer for years, is the only one who still remains, or who ever talks of the strange days;

Ammi, cuya cabeza está un poco rara desde hace años, es el único que aún permanece, o que alguna vez habla de los días extraños;

2.8 and he dares to do this because his house is so near the open fields and the travelled roads around Arkham.

y se atreve a hacerlo porque su casa está muy cerca de los campos abiertos y de los caminos transitados que rodean Arkham.

3.1 There was once a road over the hills and through the valleys,

Hubo una vez un camino sobre las colinas y a través de los valles,

3.2 that ran straight where the blasted heath is now;

que discurría recto por donde ahora está el brezal destrozado;

3.3 but people ceased to use it and a new road was laid curving far toward the south.

pero la gente dejó de utilizarlo y se trazó un nuevo camino en curva hacia el sur.

3.4 Traces of the old one can still be found amidst the weeds of a returning wilderness,

Aún pueden encontrarse vestigios de la antigua entre la maleza de un desierto que regresa,

3.5 and some of them will doubtless linger even when half the hollows are flooded for the new reservoir.

y sin duda algunos de ellos perdurarán incluso cuando la mitad de las hondonadas se inunden para construir el nuevo embalse.

Then the dark woods will be cut down and the blasted   3.6
heath will slumber far below blue waters whose
surface will mirror the sky and ripple in the sun.
Entonces se talarán los bosques oscuros y los brezales
devastados dormirán bajo aguas azules cuya superficie
reflejará el cielo y ondulará al sol.

And the secrets of the strange days will be one with   3.7
the deep's secrets;
Y los secretos de los días extraños serán uno con los secretos
de las profundidades;

one with the hidden lore of old ocean,   3.8
uno con la sabiduría oculta del viejo océano,

and all the mystery of primal earth.   3.9
y todo el misterio de la tierra primigenia.

When I went into the hills and vales to survey for the   4.1
new reservoir they told me the place was evil.
Cuando me adentré en las colinas y los valles para
inspeccionar el nuevo embalse, me dijeron que el lugar
era maligno.

They told me this in Arkham, and because that is a   4.2
very old town full of witch legends I thought the evil
must be something which grandmas had whispered
to children through centuries.
Me lo dijeron en Arkham, y como es un pueblo muy antiguo
lleno de leyendas de brujas, pensé que el mal debía de ser
algo que las abuelas habían susurrado a los niños a lo largo
de los siglos.

The name "blasted heath" seemed to me very odd and   4.3
theatrical,
El nombre de "brezal maldito" me pareció muy extraño y
teatral,

4.4 **and I wondered how it had come into the folklore of a Puritan people.**

y me pregunté cómo había llegado a formar parte del folclore de un pueblo puritano.

4.5 **Then I saw that dark westward tangle of glens and slopes for myself,**

Entonces vi con mis propios ojos aquella oscura maraña de cañadas y laderas que se extendía hacia el oeste,

4.6 **and ceased to wonder at anything besides its own elder mystery.**

y dejé de preguntarme por nada que no fuera su propio y anciano misterio.

4.7 **It was morning when I saw it, but shadow lurked always there.**

Era de día cuando lo vi, pero la sombra acechaba siempre allí.

4.8 **The trees grew too thickly, and their trunks were too big for any healthy New England wood.**

Los árboles crecían demasiado espesos y sus troncos eran demasiado grandes para cualquier bosque sano de Nueva Inglaterra.

4.9 **There was too much silence in the dim alleys between them,**

Había demasiado silencio en los oscuros callejones entre ellos,

4.10 **and the floor was too soft with the dank moss and mattings of infinite years of decay.**

y el suelo era demasiado blando con el húmedo musgo y las esteras de infinitos años de decadencia.

In the open spaces, mostly along the line of the old road, there were little hillside farms; 5.1

En los espacios abiertos, sobre todo a lo largo de la antigua carretera, había pequeñas granjas en las laderas;

sometimes with all the buildings standing, sometimes with only one or two, and sometimes with only a lone chimney or fast-filling cellar. 5.2

a veces con todos los edificios en pie, a veces sólo con uno o dos, y a veces sólo con una chimenea solitaria o un sótano que se llenaba rápidamente.

Weeds and briers reigned, 5.3

Reinaban la maleza y las zarzas,

and furtive wild things rustled in the undergrowth. 5.4

y entre la maleza crujían furtivas criaturas salvajes.

Upon everything was a haze of restlessness and oppression; 5.5

Todo estaba envuelto en una neblina de inquietud y opresión;

a touch of the unreal and the grotesque, 5.6

un toque de irrealidad y grotesco,

as if some vital element of perspective or chiaroscuro were awry. 5.7

como si algún elemento vital de la perspectiva o el claroscuro no funcionase.

I did not wonder that the foreigners would not stay, 5.8

No me extrañaba que los extranjeros no quisieran quedarse,

for this was no region to sleep in. 5.9

pues no era una región para dormir.

5.10 It was too much like a landscape of Salvator Rosa;
Se parecía demasiado a un paisaje de Salvator Rosa;

5.11 too much like some forbidden woodcut in a tale of
terror.
demasiado a una xilografía prohibida en un cuento de
terror.

6.1 But even all this was not so bad as the blasted heath.
Pero ni siquiera todo esto era tan malo como el maldito
brezal.

6.2 I knew it the moment I came upon it at the bottom of
a spacious valley;
Lo supe en cuanto me topé con él en el fondo de un
espacioso valle;

6.3 for no other name could fit such thing,
porque ningún otro nombre podía encajar con tal cosa,

6.4 or any other thing fit such a name.
ni ninguna otra cosa encajaba con tal nombre.

6.5 It was as if the poet had coined the phrase from
having seen this one particular region.
Era como si el poeta hubiera acuñado la frase por haber
visto esta región en particular.

6.6 It must, I thought as I viewed it, be the outcome of a
fire;
Debía de ser, pensé al contemplarla, el resultado de un
incendio;

but why had nothing new ever grown over those five   6.7
acres of grey desolation that sprawled open to the sky
like a great spot eaten by acid in the woods and fields?
pero ¿por qué no había crecido nunca nada nuevo
sobre aquellas cinco hectáreas de gris desolación que se
extendían abiertas al cielo como una gran mancha comida
por el ácido en los bosques y campos?

It lay largely to the north of the ancient road line,   6.8
Se extendía en gran parte al norte de la antigua línea de la
carretera,

but encroached a little on the other side.   6.9
pero invadía un poco el otro lado.

I felt an odd reluctance about approaching,   6.10
Sentí una extraña reticencia a acercarme,

and did so at last only because my business took me   6.11
through and past it.
y al final lo hice sólo porque mi negocio me llevaba a través
y más allá de él.

There was no vegetation of any kind on that broad   6.12
expanse,
No había vegetación de ningún tipo en aquella amplia
extensión,

but only a fine grey dust or ash which no wind   6.13
seemed ever to blow about.
sino sólo un fino polvo gris o ceniza que ningún viento
parecía soplar jamás.

The trees near it were sickly and stunted,   6.14
Los árboles cercanos eran enfermizos y achaparrados,

6.15 **and many dead trunks stood or lay rotting at the rim.**

y muchos troncos muertos se erguían o yacían pudriéndose en el borde.

6.16 **As I walked hurriedly by I saw the tumbled bricks and stones of an old chimney and cellar on my right, and the yawning black maw of an abandoned well whose stagnant vapours played strange tricks with the hues of the sunlight.**

Mientras caminaba apresuradamente, vi a mi derecha los ladrillos y piedras caídos de una vieja chimenea y bodega, y las negras fauces de un pozo abandonado cuyos vapores estancados jugaban extraños trucos con los matices de la luz del sol.

6.17 **Even the long, dark woodland climb beyond seemed welcome in contrast, and I marvelled no more at the frightened whispers of Arkham people.**

Incluso la larga y oscura subida por el bosque parecía bienvenida por contraste, y ya no me maravillaban los susurros asustados de la gente de Arkham.

6.18 **There had been no house or ruin near;**

No había ninguna casa ni ruina cerca;

6.19 **even in the old days the place must have been lonely and remote.**

incluso en los viejos tiempos el lugar debía de ser solitario y remoto.

6.20 **And at twilight, dreading to repass that ominous spot, I walked circuitously back to the town by the curving road on the south.**

Y en el crepúsculo, temiendo volver a pasar por aquel ominoso lugar, caminé tortuosamente de regreso al pueblo por el camino curvo del sur.

I vaguely wished some clouds would gather,　　　6.21
Deseé vagamente que se formaran nubes,

for an odd timidity about the deep skyey voids above　　　6.22
had crept into my soul.
pues se me había metido en el alma una extraña timidez
ante los profundos vacíos celestes.

In the evening I asked old people in Arkham about　　　7.1
the blasted heath,
Por la noche pregunté a los ancianos de Arkham acerca del
maldito brezal,

and what was meant by that phrase "strange days"　　　7.2
y qué significaba aquella frase "días extraños"

which so many evasively muttered.　　　7.3
que tantos murmuraban evasivamente.

I could not, however, get any good answers, except　　　7.4
that all the mystery was much more recent than I had
dreamed.
Sin embargo, no pude obtener ninguna buena respuesta,
salvo que todo el misterio era mucho más reciente de lo que
yo había soñado.

It was not a matter of old legendry at all,　　　7.5
No se trataba en absoluto de viejas leyendas,

but something within the lifetime of those who　　　7.6
spoke.
sino de algo que estaba dentro del tiempo de vida de los que
hablaban.

It had happened in the 'eighties,　　　7.7
Había ocurrido en los años ochenta,

7.8 and a family had disappeared or was killed.
y una familia había desaparecido o había sido asesinada.

7.9 Speakers would not be exact;
Los que hablaban no eran exactos;

7.10 and because they all told me to pay no attention to old Ammi Pierce's crazy tales, I sought him out the next morning, having heard that he lived alone in the ancient tottering cottage where the trees first begin to get very thick.
y como todos me dijeron que no prestara atención a las locas historias del viejo Ammi Pierce, lo busqué a la mañana siguiente, después de oír que vivía solo en la antigua cabaña tambaleante donde los árboles empiezan a ser muy espesos.

7.11 It was a fearsomely ancient place,
Era un lugar terriblemente antiguo,

7.12 and had begun to exude the faint miasmal odour which clings about houses that have stood too long.
y había empezado a exudar el tenue olor miasmal que se adhiere a las casas que han permanecido demasiado tiempo.

7.13 Only with persistent knocking could I rouse the aged man,
Sólo golpeando insistentemente pude despertar al anciano,

7.14 and when he shuffled timidly to the door I could tell he was not glad to see me.
y cuando se acercó tímidamente a la puerta pude ver que no se alegraba de verme.

He was not so feeble as I had expected; but his eyes drooped in a curious way, and his unkempt clothing and white beard made him seem very worn and dismal.

7.15

No estaba tan débil como yo había esperado, pero sus ojos caían de una manera curiosa, y sus ropas desaliñadas y su barba blanca le daban un aspecto desgastado y lúgubre.

Not knowing just how he could best be launched on his tales,

8.1

Como no sabía cuál era la mejor manera de iniciarlo en sus cuentos,

I feigned a matter of business;

8.2

fingí que se trataba de un asunto de negocios;

told him of my surveying, and asked vague questions about the district.

8.3

le hablé de mis investigaciones y le hice preguntas vagas sobre el distrito.

He was far brighter and more educated than I had been led to think,

8.4

Era mucho más inteligente y culto de lo que me habían hecho creer,

and before I knew it had grasped quite as much of the subject as any man I had talked with in Arkham.

8.5

y antes de que me diera cuenta había comprendido tanto del tema como cualquier otro hombre con el que hubiera hablado en Arkham.

He was not like other rustics I had known in the sections where reservoirs were to be.

8.6

No era como otros rústicos que había conocido en las zonas donde se construirían los embalses.

8.7 From him there were no protests at the miles of old wood and farmland to be blotted out,

No había en él protestas por los kilómetros de viejos bosques y tierras de labranza que iban a ser borrados,

8.8 though perhaps there would have been had not his home lain outside the bounds of the future lake.

aunque tal vez las habría habido si su casa no hubiera quedado fuera de los límites del futuro lago.

8.9 Relief was all that he showed;

Todo lo que mostró fue alivio;

8.10 relief at the doom of the dark ancient valleys through which he had roamed all his life.

alivio por la desaparición de los antiguos valles oscuros por los que había vagado toda su vida.

8.11 They were better under water now — better under water since the strange days.

Ahora estaban mejor bajo el agua, mejor bajo el agua desde aquellos extraños días.

8.12 And with this opening his husky voice sank low,

Y con esta apertura su voz ronca se hundió,

8.13 while his body leaned forward and his right forefinger began to point shakily and impressively.

mientras su cuerpo se inclinaba hacia delante y su índice derecho comenzaba a señalar temblorosa e impresionantemente.

It was then that I heard the story, and as the rambling voice scraped and whispered on I shivered again and again despite the summer day.

10.1

Fue entonces cuando escuché la historia, y mientras la voz incoherente raspaba y susurraba, me estremecí una y otra vez a pesar del día de verano.

Often I had to recall the speaker from ramblings, piece out scientific points which he knew only by a fading parrot memory of professors' talk, or bridge over gaps, where his sense of logic and continuity broke down.

10.2

A menudo tenía que sacar al orador de sus divagaciones, reconstruir puntos científicos que sólo conocía por una memoria de loro que se desvanecía de las charlas de los profesores, o salvar lagunas en las que su sentido de la lógica y la continuidad se rompía.

When he was done I did not wonder that his mind had snapped a trifle, or that the folk of Arkham would not speak much of the blasted heath.

10.3

Cuando terminó, no me extrañó que su mente se hubiera quebrado un poco, ni que la gente de Arkham no hablara mucho del maldito brezal.

I hurried back before sunset to my hotel,

10.4

Me apresuré a regresar a mi hotel antes de la puesta del sol,

unwilling to have the stars come out above me in the open;

10.5

pues no quería que las estrellas se asomaran por encima de mí al aire libre;

and the next day returned to Boston to give up my position.

10.6

y al día siguiente regresé a Boston para renunciar a mi puesto.

10.7 I could not go into that dim chaos of old forest and slope again,

No podía adentrarme de nuevo en aquel oscuro caos de viejos bosques y laderas,

10.8 or face another time that grey blasted heath where the black well yawned deep beside the tumbled bricks and stones.

ni enfrentarme otra vez a aquel brezal gris y maldito donde el negro pozo bostezaba profundamente junto a los ladrillos y piedras desplomados.

10.9 The reservoir will soon be built now,

Pronto se construirá el embalse,

10.10 and all those elder secrets will lie safe forever under watery fathoms.

y todos esos viejos secretos quedarán a salvo para siempre bajo las brazas acuosas.

10.11 But even then I do not believe I would like to visit that country by night — at least not when the sinister stars are out;

Pero ni siquiera entonces creo que me apetezca visitar ese país de noche, al menos cuando las siniestras estrellas están apagadas;

10.12 and nothing could bribe me to drink the new city water of Arkham.

y nada podría sobornarme para que bebiera el agua de la nueva ciudad de Arkham.

11.1 It all began, old Ammi said, with the meteorite.

Todo empezó, dijo el viejo Ammi, con el meteorito.

Before that time there had been no wild legends at all since the witch trials, 11.2

Antes de eso no había habido leyendas salvajes en absoluto desde los juicios por brujería,

and even then these western woods were not feared half so much as the small island in the Miskatonic where the devil held court beside a curious stone altar older than the Indians. 11.3

e incluso entonces estos bosques occidentales no eran temidos ni la mitad que la pequeña isla en el Miskatonic donde el diablo celebraba su corte junto a un curioso altar de piedra más antiguo que los indios.

These were not haunted woods, 11.4

No eran bosques encantados,

and their fantastic dusk was never terrible till the strange days. 11.5

y su fantástico crepúsculo nunca fue terrible hasta los días extraños.

Then there had come that white noontide cloud, that string of explosions in the air, and that pillar of smoke from the valley far in the wood. 11.6

Entonces había llegado aquella nube blanca del mediodía, aquella cadena de explosiones en el aire y aquella columna de humo desde el valle, lejos en el bosque.

And by night all Arkham had heard of the great rock that fell out of the sky and bedded itself in the ground beside the well at the Nahum Gardner place. 11.7

Y por la noche todo Arkham había oído hablar de la gran roca que cayó del cielo y se incrustó en el suelo junto al pozo de Nahum Gardner.

11.8 That was the house which had stood where the blasted heath was to come — the trim white Nahum Gardner house amidst its fertile gardens and orchards.

Aquélla era la casa que había estado donde el maldito brezal iba a llegar: la blanca casa de Nahum Gardner entre sus fértiles jardines y huertos.

12.1 Nahum had come to town to tell people about the stone, and had dropped in at Ammi Pierce's on the way.

Nahum había ido a la ciudad a hablar de la piedra y, de camino, se había pasado por casa de Ammi Pierce.

12.2 Ammi was forty then,

Ammi tenía entonces cuarenta años,

12.3 and all the queer things were fixed very strongly in his mind.

y todas las cosas extrañas estaban muy grabadas en su mente.

12.4 He and his wife had gone with the three professors from Miskatonic University who hastened out the next morning to see the weird visitor from unknown stellar space,

Él y su esposa habían ido con los tres profesores de la Universidad de Miskatonic que se apresuraron a salir a la mañana siguiente para ver al extraño visitante del espacio estelar desconocido,

12.5 and had wondered why Nahum had called it so large the day before.

y se habían preguntado por qué Nahum lo había calificado de tan grande el día anterior.

It had shrunk,
12.6

Se había encogido,

Nahum said as he pointed out the big brownish
12.7
mound above the ripped earth and charred grass
near the archaic well-sweep in his front yard;

dijo Nahum mientras señalaba el gran montículo pardusco
sobre la tierra desgarrada y la hierba carbonizada cerca del
arcaico pozo de su jardín delantero;

but the wise men answered that stones do not shrink.
12.8

pero los sabios respondieron que las piedras no se encogen.

Its heat lingered persistently,
12.9

Su calor persistía,

and Nahum declared it had glowed faintly in the
12.10
night.

y Nahum declaró que había brillado débilmente por la
noche.

The professors tried it with a geologist's hammer and
12.11
found it was oddly soft.

Los profesores la probaron con un martillo de geólogo y
comprobaron que era extrañamente blanda.

It was, in truth, so soft as to be almost plastic; and
12.12
they gouged rather than chipped a specimen to take
back to the college for testing.

A decir verdad, era tan blando que casi parecía plástico, y
en lugar de astillarlo, cortaron un espécimen para llevarlo a
la universidad y analizarlo.

They took it in an old pail borrowed from Nahum's
12.13
kitchen,

Lo llevaron en un viejo cubo prestado de la cocina de
Nahum,

12.14 for even the small piece refused to grow cool.

porque incluso el trozo más pequeño se negaba a enfriarse.

12.15 On the trip back they stopped at Ammi's to rest,

En el viaje de vuelta se detuvieron en casa de Ammi para descansar,

12.16 and seemed thoughtful when Mrs. Pierce remarked that the fragment was growing smaller and burning the bottom of the pail.

y parecieron pensativos cuando la señora Pierce comentó que el fragmento se estaba haciendo más pequeño y quemaba el fondo del cubo.

12.17 Truly, it was not large, but perhaps they had taken less than they thought.

En verdad, no era grande, pero quizá habían cogido menos de lo que pensaban.

13.1 The day after that — all this was in June of '82 — the professors had trooped out again in a great excitement.

Al día siguiente - todo esto fue en junio del 82-, los profesores volvieron a salir en tropel, muy excitados.

13.2 As they passed Ammi's they told him what queer things the specimen had done, and how it had faded wholly away when they put it in a glass beaker.

Al pasar por casa de Ammi le contaron las cosas extrañas que había hecho el espécimen y cómo se había desvanecido por completo cuando lo metieron en un vaso de cristal.

13.3 The beaker had gone, too, and the wise men talked of the strange stone's affinity for silicon.

El vaso también había desaparecido, y los sabios hablaron de la afinidad de la extraña piedra con el silicio.

It had acted quite unbelievably in that well-ordered   13.4
laboratory; doing nothing at all and showing no
occluded gases when heated on charcoal, being
wholly negative in the borax bead, and soon proving
itself absolutely non-volatile at any producible
temperature, including that of the oxy-hydrogen
blowpipe.

En aquel ordenado laboratorio se había comportado
de un modo increíble, sin hacer nada en absoluto y sin
mostrar gases ocluidos cuando se calentaba sobre carbón
vegetal, siendo totalmente negativa en la perla de bórax,
y pronto demostrando ser absolutamente no volátil a
cualquier temperatura producible, incluida la del soplete
de oxihidrógeno.

On an anvil it appeared highly malleable,   13.5

Sobre un yunque parecía muy maleable,

and in the dark its luminosity was very marked.   13.6

y en la oscuridad su luminosidad era muy marcada.

Stubbornly refusing to grow cool,   13.7

Se negaba obstinadamente a enfriarse,

it soon had the college in a state of real excitement;   13.8

por lo que pronto provocó en el colegio un verdadero estado
de excitación;

13.9 and when upon heating before the spectroscope it displayed shining bands unlike any known colours of the normal spectrum there was much breathless talk of new elements, bizarre optical properties, and other things which puzzled men of science are wont to say when faced by the unknown.

y cuando al calentarlo ante el espectroscopio mostraba bandas brillantes distintas de cualquier color conocido del espectro normal, se hablaba sin aliento de nuevos elementos, extrañas propiedades ópticas y otras cosas que los hombres de ciencia desconcertados suelen decir cuando se enfrentan a lo desconocido.

14.1 Hot as it was,

Caliente como estaba,

14.2 they tested it in a crucible with all the proper reagents.

lo probaron en un crisol con todos los reactivos adecuados.

14.3 Water did nothing. Hydrochloric acid was the same.

El agua no hizo nada. El ácido clorhídrico tampoco.

14.4 Nitric acid and even aqua regia merely hissed and spattered against its torrid invulnerability.

El ácido nítrico e incluso el agua regia se limitaron a silbar y salpicar contra su tórrida invulnerabilidad.

14.5 Ammi had difficulty in recalling all these things,

A Ammi le costaba recordar todas estas cosas,

14.6 but recognized some solvents as I mentioned them in the usual order of use.

pero reconoció algunos disolventes a medida que los mencionaba en el orden habitual de uso.

There were ammonia and caustic soda, alcohol and ether, nauseous carbon disulphide and a dozen others; 14.7

Había amoníaco y sosa cáustica, alcohol y éter, disulfuro de carbono nauseabundo y una docena más;

but although the weight grew steadily less as time passed, and the fragment seemed to be slightly cooling, there was no change in the solvents to show that they had attacked the substance at all. 14.8

pero aunque el peso disminuía constantemente a medida que pasaba el tiempo, y el fragmento parecía enfriarse ligeramente, no había ningún cambio en los disolventes que demostrara que habían atacado la sustancia en absoluto.

It was a metal, though, beyond a doubt. 14.9

Sin embargo, no cabía duda de que se trataba de un metal.

It was magnetic, for one thing; and after its immersion in the acid solvents there seemed to be faint traces of the Widmänstätten figures found on meteoric iron. 14.10

En primer lugar, era magnético y, tras su inmersión en los disolventes ácidos, parecían aparecer débiles rastros de las figuras Widmänstätten que se encuentran en el hierro meteórico.

When the cooling had grown very considerable, 14.11

Cuando el enfriamiento fue muy considerable,

the testing was carried on in glass; 14.12

las pruebas se llevaron a cabo en vidrio;

and it was in a glass beaker that they left all the chips made of the original fragment during the work. 14.13

y fue en un vaso de vidrio donde dejaron todas las virutas hechas del fragmento original durante el trabajo.

14.14 The next morning both chips and beaker were gone without trace, and only a charred spot marked the place on the wooden shelf where they had been.

A la mañana siguiente, tanto las astillas como el vaso habían desaparecido sin dejar rastro, y sólo una mancha carbonizada marcaba el lugar de la estantería de madera donde habían estado.

15.1 All this the professors told Ammi as they paused at his door, and once more he went with them to see the stony messenger from the stars, though this time his wife did not accompany him.

Todo esto contaron los profesores a Ammi cuando se detuvieron ante su puerta, y una vez más fue con ellos a ver al pétreo mensajero de las estrellas, aunque esta vez no le acompañó su esposa.

15.2 It had now most certainly shrunk,

Ahora sí que se había encogido,

15.3 and even the sober professors could not doubt the truth of what they saw.

y ni siquiera los sobrios profesores podían dudar de la veracidad de lo que veían.

15.4 All around the dwindling brown lump near the well was a vacant space,

Alrededor del bulto marrón que se iba reduciendo cerca del pozo había un espacio vacío,

15.5 except where the earth had caved in;

excepto donde la tierra se había hundido;

15.6 and whereas it had been a good seven feet across the day before,

y mientras que el día anterior había tenido unos siete pies de diámetro,

it was now scarcely five. It was still hot,   15.7

ahora apenas tenía cinco. Todavía estaba caliente,

and the sages studied its surface curiously as they   15.8
detached another and larger piece with hammer and
chisel.

y los sabios estudiaron su superficie con curiosidad
mientras desprendían otro trozo más grande con el martillo
y el cincel.

They gouged deeply this time, and as they pried away   15.9
the smaller mass they saw that the core of the thing
was not quite homogeneous.

Esta vez hirieron profundamente y, al retirar la masa más
pequeña, vieron que el núcleo no era del todo homogéneo.

They had uncovered what seemed to be the side of a   17.1
large coloured globule embedded in the substance.

Habían descubierto lo que parecía ser la cara de un gran
glóbulo de color incrustado en la sustancia.

The colour, which resembled some of the bands   17.2
in the meteor's strange spectrum, was almost
impossible to describe; and it was only by analogy
that they called it colour at all.

El color, que se asemejaba a algunas de las bandas del
extraño espectro del meteoro, era casi imposible de
describir, y sólo por analogía lo llamaron color.

Its texture was glossy,   17.3

Su textura era brillante,

17.4 and upon tapping it appeared to promise both brittleness and hollowness.

y al golpearla parecía prometer tanto fragilidad como oquedad.

17.5 One of the professors gave it a smart blow with a hammer, and it burst with a nervous little pop.

Uno de los profesores le dio un fuerte golpe con un martillo y estalló con un pequeño estallido nervioso.

17.6 Nothing was emitted,

No emitió nada,

17.7 and all trace of the thing vanished with the puncturing.

y todo rastro del objeto desapareció con la perforación.

17.8 It left behind a hollow spherical space about three inches across,

Dejó tras de sí un espacio esférico hueco de unos cinco centímetros de diámetro,

17.9 and all thought it probable that others would be discovered as the enclosing substance wasted away.

y todos pensaron que era probable que se descubrieran otros a medida que la sustancia que lo envolvía se consumía.

18.1 Conjecture was vain; so after a futile attempt to find additional globules by drilling, the seekers left again with their new specimen — which proved, however, as baffling in the laboratory as its predecessor.

Las conjeturas fueron vanas, así que tras un vano intento de encontrar más glóbulos mediante perforación, los buscadores partieron de nuevo con su nuevo espécimen, que resultó, sin embargo, tan desconcertante en el laboratorio como su predecesor.

Aside from being almost plastic, having heat, magnetism, and slight luminosity, cooling slightly in powerful acids, possessing an unknown spectrum, wasting away in air, and attacking silicon compounds with mutual destruction as a result, it presented no identifying features whatsoever; 18.2

Aparte de ser casi plástico, tener calor, magnetismo y una ligera luminosidad, enfriarse ligeramente en ácidos potentes, poseer un espectro desconocido, consumirse en el aire y atacar a los compuestos de silicio con destrucción mutua como resultado, no presentaba ningún rasgo identificativo en absoluto;

and at the end of the tests the college scientists were forced to own that they could not place it. 18.3

y al final de las pruebas los científicos de la universidad se vieron obligados a admitir que no podían ubicarlo.

It was nothing of this earth, but a piece of the great outside; 18.4

No era nada de esta tierra, sino un pedazo del gran exterior;

and as such dowered with outside properties and obedient to outside laws. 18.5

y como tal dotado de propiedades exteriores y obediente a leyes exteriores.

That night there was a thunderstorm, 19.1

Aquella noche hubo tormenta,

and when the professors went out to Nahum's the next day they met with a bitter disappointment. 19.2

y cuando los profesores fueron a casa de Nahum al día siguiente se encontraron con una amarga decepción.

19.3 The stone, magnetic as it had been, must have had some peculiar electrical property; for it had "drawn the lightning," as Nahum said, with a singular persistence.

La piedra, por magnética que fuera, debía de tener alguna propiedad eléctrica especial, pues había "atraído el rayo", como dijo Nahum, con singular persistencia.

19.4 Six times within an hour the farmer saw the lightning strike the furrow in the front yard, and when the storm was over nothing remained but a ragged pit by the ancient well-sweep, half-chocked with caved-in earth.

Seis veces en el espacio de una hora, el granjero vio cómo el rayo caía sobre el surco del patio delantero, y cuando terminó la tormenta no quedaba más que un pozo andrajoso junto al antiguo pozo, medio lleno de tierra derrumbada.

19.5 Digging had borne no fruit,

Las excavaciones no habían dado fruto,

19.6 and the scientists verified the fact of the utter vanishment.

y los científicos comprobaron el hecho de la desaparición total.

19.7 The failure was total; so that nothing was left to do but go back to the laboratory and test again the disappearing fragment left carefully cased in lead.

El fracaso era total, de modo que no quedaba más remedio que volver al laboratorio y probar de nuevo el fragmento desaparecido que habían dejado cuidadosamente encamisado en plomo.

19.8 That fragment lasted a week,

Ese fragmento duró una semana,

at the end of which nothing of value had been learned of it.

19.9

al cabo de la cual no se supo nada de él.

When it had gone, no residue was left behind, and in time the professors felt scarcely sure they had indeed seen with waking eyes that cryptic vestige of the fathomless gulfs outside;

19.10

Cuando desapareció, no quedó ningún residuo, y con el tiempo los profesores apenas tuvieron la certeza de haber visto con ojos despiertos aquel críptico vestigio de los insondables abismos del exterior;

that lone, weird message from other universes and other realms of matter, force, and entity.

19.11

aquel solitario y extraño mensaje de otros universos y otros reinos de materia, fuerza y entidad.

As was natural, the Arkham papers made much of the incident with its collegiate sponsoring, and sent reporters to talk with Nahum Gardner and his family.

20.1

Como era natural, los periodicos de Arkham dieron mucha importancia al incidente con su patrocinio colegial, y enviaron reporteros a hablar con Nahum Gardner y su familia.

At least one Boston daily also sent a scribe,

20.2

Al menos un diario de Boston envio tambien un escribiente,

and Nahum quickly became a kind of local celebrity.

20.3

y Nahum se convirtio rapidamente en una especie de celebridad local.

20.4 He was a lean, genial person of about fifty, living with his wife and three sons on the pleasant farmstead in the valley.

Era una persona delgada y afable, de unos cincuenta años, que vivía con su mujer y sus tres hijos en la agradable granja del valle.

20.5 He and Ammi exchanged visits frequently, as did their wives; and Ammi had nothing but praise for him after all these years.

Ammi y él se visitaban con frecuencia, al igual que sus esposas, y Ammi no tenía más que elogios para él después de tantos años.

20.6 He seemed slightly proud of the notice his place had attracted,

Parecía un poco orgulloso de la atención que había atraído su lugar,

20.7 and talked often of the meteorite in the succeeding weeks.

y habló a menudo del meteorito en las semanas siguientes.

20.8 That July and August were hot; and Nahum worked hard at his haying in the ten-acre pasture across Chapman's Brook; his rattling wain wearing deep ruts in the shadowy lanes between.

Aquellos meses de julio y agosto fueron calurosos, y Nahum trabajó duro en la siega de los pastos de diez acres al otro lado del arroyo Chapman.

20.9 The labour tired him more than it had in other years,

El trabajo le cansaba más que otros años,

20.10 and he felt that age was beginning to tell on him.

y sentía que la edad empezaba a pasarle factura.

Then fell the time of fruit and harvest. 21.1
Entonces llegó el tiempo de la fruta y la cosecha.

The pears and apples slowly ripened, 21.2
Las peras y las manzanas maduraron lentamente,

and Nahum vowed that his orchards were prospering 21.3
as never before.
y Nahum aseguró que sus huertos prosperaban como
nunca.

The fruit was growing to phenomenal size and 21.4
unwonted gloss,
La fruta crecía hasta alcanzar un tamaño fenomenal y un
brillo inusitado,

and in such abundance that extra barrels were 21.5
ordered to handle the future crop.
y en tal abundancia que se encargaron barriles adicionales
para la futura cosecha.

But with the ripening came sore disappointment, 21.6
Pero con la maduración llegó una gran decepción,

for of all that gorgeous array of specious lusciousness 21.7
not one single jot was fit to eat.
pues de todo aquel magnífico despliegue de especiosa
exquisitez ni una sola brizna era apta para el consumo.

Into the fine flavour of the pears and apples had crept 21.8
a stealthy bitterness and sickishness,
En el fino sabor de las peras y las manzanas se había
deslizado una sigilosa amargura y asco,

so that even the smallest of bites induced a lasting 21.9
disgust.
de modo que incluso el más pequeño de los bocados
provocaba un asco duradero.

21.10 It was the same with the melons and tomatoes,

Lo mismo ocurrió con los melones y los tomates,

21.11 and Nahum sadly saw that his entire crop was lost.

y Nahum vio con tristeza que toda su cosecha se había
perdido.

21.12 Quick to connect events, he declared that the
meteorite had poisoned the soil, and thanked Heaven
that most of the other crops were in the upland lot
along the road.

Pronto a relacionar los acontecimientos, declaró que el
meteorito había envenenado el suelo, y dio gracias al Cielo
porque la mayoría de los demás cultivos se hallaban en la
parcela alta junto a la carretera.

23.1 Winter came early, and was very cold.

El invierno llegó pronto y fue muy frío.

23.2 Ammi saw Nahum less often than usual, and
observed that he had begun to look worried.

Ammi veía a Nahum con menos frecuencia de lo habitual y
observó que había empezado a mostrarse preocupado.

23.3 The rest of his family too,

El resto de su familia también parecía haberse vuelto
taciturna,

23.4 seemed to have grown taciturn; and were far from
steady in their churchgoing or their attendance at the
various social events of the countryside.

y distaban mucho de ser constantes en su asistencia a la
iglesia o a los diversos actos sociales del campo.

For this reserve or melancholy no cause could be found,

23.5

No se encontraba ninguna causa para esta reserva o melancolía,

though all the household confessed now and then to poorer health and a feeling of vague disquiet.

23.6

aunque todos los miembros de la familia confesaban de vez en cuando un empeoramiento de su salud y un sentimiento de vaga inquietud.

Nahum himself gave the most definite statement of anyone when he said he was disturbed about certain footprints in the snow.

23.7

El propio Nahum dio la declaración más definitiva de todos cuando dijo que le inquietaban ciertas huellas en la nieve.

They were the usual winter prints of red squirrels, white rabbits, and foxes, but the brooding farmer professed to see something not quite right about their nature and arrangement.

23.8

Eran las habituales huellas invernales de ardillas rojas, conejos blancos y zorros, pero el melancólico granjero decía ver algo raro en su naturaleza y disposición.

He was never specific, but appeared to think that they were not as characteristic of the anatomy and habits of squirrels and rabbits and foxes as they ought to be.

23.9

Nunca fue específico, pero parecía pensar que no eran tan características de la anatomía y los hábitos de ardillas, conejos y zorros como deberían serlo.

Ammi listened without interest to this talk until one night when he drove past Nahum's house in his sleigh on the way back from Clark's Corners.

23.10

Ammi escuchó sin interés esta charla hasta una noche en que pasó por delante de la casa de Nahum en su trineo cuando volvía de Clark's Corners.

23.11 There had been a moon, and a rabbit had run across the road;

Había habido luna y un conejo había cruzado corriendo la carretera;

23.12 and the leaps of that rabbit were longer than either Ammi or his horse liked.

y los saltos de aquel conejo eran más largos de lo que les gustaba ni a Ammi ni a su caballo.

23.13 The latter, indeed, had almost run away when brought up by a firm rein.

Este último, de hecho, casi se había escapado cuando lo sujetó con una rienda firme.

23.14 Thereafter Ammi gave Nahum's tales more respect,

A partir de entonces,

23.15 and wondered why the Gardner dogs seemed so cowed and quivering every morning.

Ammi respetó más los cuentos de Nahum y se preguntó por qué los perros de Gardner parecían tan acobardados y temblorosos cada mañana.

23.16 They had, it developed, nearly lost the spirit to bark.

Habían perdido casi el espíritu de ladrar.

24.1 In February the McGregor boys from Meadow Hill were out shooting woodchucks, and not far from the Gardner place bagged a very peculiar specimen.

En febrero, los chicos McGregor de Meadow Hill salieron a cazar marmotas y, no lejos de Gardner, cazaron un ejemplar muy peculiar.

The proportions of its body seemed slightly altered in a queer way impossible to describe, 24.2

Las proporciones de su cuerpo parecían ligeramente alteradas de una manera extraña e imposible de describir,

while its face had taken on an expression which no one ever saw in a woodchuck before. 24.3

mientras que su cara había adoptado una expresión que nadie había visto nunca en una marmota.

The boys were genuinely frightened, and threw the thing away at once, so that only their grotesque tales of it ever reached the people of the countryside. 24.4

Los muchachos se asustaron de verdad y la tiraron enseguida, de modo que sólo sus grotescas historias llegaron a oídos de la gente del campo.

But the shying of horses near Nahum's house had now become an acknowledged thing, 24.5

Pero el espanto de los caballos cerca de la casa de Nahum se había convertido en un hecho reconocido,

and all the basis for a cycle of whispered legend was fast taking form. 24.6

y toda la base para un ciclo de leyendas susurradas estaba tomando forma rápidamente.

People vowed that the snow melted faster around Nahum's than it did anywhere else, and early in March there was an awed discussion in Potter's general store at Clark's Corners. 25.1

La gente juraba que la nieve se derretía más deprisa en los alrededores de Nahum que en ningún otro sitio, y a principios de marzo se produjo una asombrada discusión en el almacén general de Potter, en Clark's Corners.

25.2 Stephen Rice had driven past Gardner's in the morning, and had noticed the skunk-cabbages coming up through the mud by the woods across the road.

Stephen Rice había pasado por Gardner's por la mañana y se había fijado en los repollos de zorrillo que salían del barro junto al bosque al otro lado de la carretera.

25.3 Never were things of such size seen before,

Nunca se habían visto cosas de semejante tamaño,

25.4 and they held strange colours that could not be put into any words.

y tenían unos colores extraños que no podían expresarse con palabras.

25.5 Their shapes were monstrous,

Sus formas eran monstruosas,

25.6 and the horse had snorted at an odour which struck Stephen as wholly unprecedented.

y el caballo había resoplado ante un olor que a Stephen le pareció totalmente inaudito.

25.7 That afternoon several persons drove past to see the abnormal growth,

Aquella tarde pasaron varias personas en coche para ver el crecimiento anormal,

25.8 and all agreed that plants of that kind ought never to sprout in a healthy world.

y todos estuvieron de acuerdo en que las plantas de aquel tipo no deberían brotar nunca en un mundo sano.

25.9 The bad fruit of the fall before was freely mentioned,

Se mencionó sin reparos el mal fruto del otoño anterior,

and it went from mouth to mouth that there was poison in Nahum's ground. 25.10

y corrió de boca en boca que había veneno en el suelo de Nahum.

Of course it was the meteorite; 25.11

Por supuesto que se trataba del meteorito;

and remembering how strange the men from the college had found that stone to be, 25.12

y recordando lo extraña que les había parecido aquella piedra a los hombres del colegio,

several farmers spoke about the matter to them. 25.13

varios campesinos les hablaron del asunto.

One day they paid Nahum a visit; but having no love of wild tales and folklore were very conservative in what they inferred. 26.1

Un día hicieron una visita a Nahum, pero como no les gustaban los cuentos salvajes ni el folklore, fueron muy conservadores en lo que dedujeron.

The plants were certainly odd, 26.2

Las plantas eran ciertamente extrañas,

but all skunk-cabbages are more or less odd in shape and hue. 26.3

pero todos los repollos son más o menos extraños en forma y color.

Perhaps some mineral element from the stone had entered the soil, 26.4

Tal vez algún elemento mineral de la piedra había penetrado en el suelo,

26.5 but it would soon be washed away.

pero pronto sería arrastrado.

26.6 And as for the footprints and frightened horses —
of course this was mere country talk which such a
phenomenon as the aerolite would be certain to start.

Y en cuanto a las pisadas y los caballos asustados, por
supuesto que no eran más que habladurías campestres que
un fenómeno como la aerolita no dejaría de provocar.

26.7 There was really nothing for serious men to do in
cases of wild gossip,

No había nada que los hombres serios pudieran hacer en
casos de habladurías,

26.8 for superstitious rustics will say and believe
anything.

pues los rústicos supersticiosos dicen y creen cualquier
cosa.

26.9 And so all through the strange days the professors
stayed away in contempt.

Y así, a lo largo de los extraños días, los profesores se
mantuvieron alejados con desprecio.

Only one of them, when given two phials of dust for analysis in a police job over a year and a half later, recalled that the queer colour of that skunk-cabbage had been very like one of the anomalous bands of light shown by the meteor fragment in the college spectroscope, and like the brittle globule found imbedded in the stone from the abyss.   26.10

Sólo uno de ellos, cuando le dieron dos frascos de polvo para analizar en un trabajo policial más de un año y medio después, recordó que el extraño color de aquella col de zorrillo había sido muy parecido a una de las bandas anómalas de luz mostradas por el fragmento de meteorito en el espectroscopio de la universidad, y como el frágil glóbulo encontrado incrustado en la piedra del abismo.

The samples in this analysis case gave the same odd bands at first,   26.11

Las muestras en este caso de análisis dieron las mismas bandas extrañas al principio,

though later they lost the property.   26.12

aunque después perdieron la propiedad.

The trees budded prematurely around Nahum's,   27.1

Los árboles brotaban prematuramente alrededor de la casa de Nahum,

and at night they swayed ominously in the wind.   27.2

y por la noche se mecían siniestramente con el viento.

Nahum's second son Thaddeus, a lad of fifteen, swore that they swayed also when there was no wind; but even the gossips would not credit this.   27.3

El segundo hijo de Nahum, Tadeo, un muchacho de quince años, juró que también se balanceaban cuando no soplaba el viento, pero ni siquiera los chismosos lo creían.

27.4   Certainly, however, restlessness was in the air.

Sin embargo, lo cierto es que la inquietud flotaba en el aire.

27.5   The entire Gardner family developed the habit of stealthy listening,

Toda la familia Gardner adquirió el hábito de escuchar sigilosamente,

27.6   though not for any sound which they could consciously name.

aunque no cualquier sonido que pudieran nombrar conscientemente.

27.7   The listening was, indeed, rather a product of moments when consciousness seemed half to slip away.

La escucha era, de hecho, más bien producto de momentos en que la conciencia parecía medio desvanecerse.

27.8   Unfortunately such moments increased week by week, till it became common speech that

Desgraciadamente, esos momentos aumentaron semana tras semana, hasta que se hizo común decir que

27.9   "something was wrong with all Nahum's folks."

"algo les pasaba a todos los amigos de Nahum."

27.10   When the early saxifrage came out it had another strange colour;

Cuando brotó la saxífraga temprana, tenía otro color extraño;

27.11   not quite like that of the skunk-cabbage,

no era exactamente como el de la col zorrillo,

but plainly related and equally unknown to anyone who saw it. 27.12

pero estaba claramente emparentada y era igualmente desconocida para cualquiera que la viera.

Nahum took some blossoms to Arkham and showed them to the editor of the Gazette, but that dignitary did no more than write a humorous article about them, in which the dark fears of rustics were held up to polite ridicule. 27.13

Nahum llevó algunas flores a Arkham y se las enseñó al director de la Gazette, pero este dignatario se limitó a escribir un artículo humorístico sobre ellas, en el que los oscuros temores de los rústicos se ponían en ridículo.

It was a mistake of Nahum's to tell a stolid city man about the way the great, overgrown mourning-cloak butterflies behaved in connection with these saxifrages. 27.14

Fue un error de Nahum contarle a un hombre de ciudad la forma en que las grandes mariposas de luto se comportaban en relación con estas saxífragas.

April brought a kind of madness to the country folk, 28.1

Abril trajo una especie de locura a la gente del campo,

and began that disuse of the road past Nahum's which led to its ultimate abandonment. 28.2

y comenzó el desuso de la carretera más allá de Nahum que condujo a su abandono definitivo.

It was next the vegetation. 28.3

Lo siguiente fue la vegetación.

28.4 All the orchard trees blossomed forth in strange colours,

Todos los árboles del huerto florecieron con extraños colores,

28.5 and through the stony soil of the yard and adjacent pasturage there sprang up a bizarre growth which only a botanist could connect with the proper flora of the region.

y en el suelo pedregoso del patio y los pastos adyacentes surgió una extraña vegetación que sólo un botánico podría relacionar con la flora propia de la región.

28.6 No sane wholesome colours were anywhere to be seen except in the green grass and leafage;

No se veían colores sanos y sanos en ninguna parte, excepto en la hierba verde y en la hojarasca;

28.7 but everywhere were those hectic and prismatic variants of some diseased, underlying primary tone without a place among the known tints of earth.

pero por todas partes había esas variantes agitadas y prismáticas de algún tono primario subyacente y enfermo sin lugar entre los tintes conocidos de la tierra.

28.8 The "Dutchman's breeches"

Los "calzones de holandés"

28.9 became a thing of sinister menace,

se convirtieron en una siniestra amenaza,

28.10 and the bloodroots grew insolent in their chromatic perversion.

y las sanguijuelas se volvieron insolentes en su perversión cromática.

Ammi and the Gardners thought that most of the colours had a sort of haunting familiarity, 28.11

Ammi y los Gardner pensaron que la mayoría de los colores tenían una especie de familiaridad inquietante,

and decided that they reminded one of the brittle globule in the meteor. 28.12

y decidieron que recordaban al frágil glóbulo del meteoro.

Nahum ploughed and sowed the ten-acre pasture and the upland lot, 28.13

Nahum aró y sembró los pastos de diez acres y las tierras altas,

but did nothing with the land around the house. 28.14

pero no hizo nada con la tierra que rodeaba la casa.

He knew it would be of no use, and hoped that the summer's strange growths would draw all the poison from the soil. 28.15

Sabía que no serviría de nada y esperaba que los extraños crecimientos del verano extrajeran todo el veneno del suelo.

He was prepared for almost anything now, 28.16

Ahora estaba preparado para casi todo,

and had grown used to the sense of something near him waiting to be heard. 28.17

y se había acostumbrado a la sensación de que algo cerca de él esperaba ser oído.

The shunning of his house by neighbours told on him, of course; but it told on his wife more. 28.18

El rechazo de su casa por parte de los vecinos le afectaba a él, por supuesto, pero aún más a su mujer.

28.19 The boys were better off,
Los chicos estaban mejor,

28.20 being at school each day;
ya que iban a la escuela todos los días;

28.21 but they could not help being frightened by the gossip.
pero no podían evitar asustarse por los chismes.

28.22 Thaddeus, an especially sensitive youth, suffered the most.
Tadeo, un joven especialmente sensible, era el que más sufría.

30.1 In May the insects came,
En mayo llegaron los insectos,

30.2 and Nahum's place became a nightmare of buzzing and crawling.
y la casa de Nahum se convirtió en una pesadilla de zumbidos y reptiles.

30.3 Most of the creatures seemed not quite usual in their aspects and motions,
La mayoría de las criaturas no parecían muy habituales en sus aspectos y movimientos,

30.4 and their nocturnal habits contradicted all former experience.
y sus hábitos nocturnos contradecían toda experiencia anterior.

The Gardners took to watching at night — watching
in all directions at random for something they could
not tell what.   30.5

Los Gardner empezaron a vigilar por la noche, en todas
direcciones y al azar, en busca de algo que no sabían qué
era.

It was then that they all owned that Thaddeus had
been right about the trees.   30.6

Fue entonces cuando todos se dieron cuenta de que
Thaddeus tenía razón acerca de los árboles.

Mrs. Gardner was the next to see it from the window
as she watched the swollen boughs of a maple against
a moonlit sky.   30.7

La señora Gardner fue la siguiente en verlo desde la
ventana, mientras observaba las ramas hinchadas de un
arce contra un cielo iluminado por la luna.

The boughs surely moved, and there was no wind.   30.8

Las ramas se movían con seguridad, y no había viento.

It must be the sap.   30.9

Debía de ser la savia.

Strangeness had come into everything growing now.   30.10

Ahora todo lo que crecía era extraño.

Yet it was none of Nahum's family at all who made
the next discovery.   30.11

Sin embargo, nadie de la familia de Nahum hizo el
siguiente descubrimiento.

Familiarity had dulled them,   30.12

La familiaridad los había embotado,

30.13 and what they could not see was glimpsed by a timid windmill salesman from Bolton who drove by one night in ignorance of the country legends.

y lo que no podían ver lo vislumbró un tímido vendedor de molinos de Bolton que pasó una noche por allí ignorando las leyendas del país.

30.14 What he told in Arkham was given a short paragraph in the Gazette;

Lo que contó en Arkham recibió un breve párrafo en la Gaceta;

30.15 and it was there that all the farmers, Nahum included, saw it first.

y fue allí donde todos los granjeros, Nahum incluido, lo vieron por primera vez.

30.16 The night had been dark and the buggy-lamps faint, but around a farm in the valley which everyone knew from the account must be Nahum's, the darkness had been less thick.

La noche había sido oscura y las luces de las calesas tenues, pero alrededor de una granja del valle que todos sabían por el relato que debía ser la de Nahum, la oscuridad había sido menos densa.

30.17 A dim though distinct luminosity seemed to inhere in all the vegetation, grass, leaves, and blossoms alike, while at one moment a detached piece of the phosphorescence appeared to stir furtively in the yard near the barn.

En toda la vegetación, hierba, hojas y flores por igual, parecía percibirse una luminosidad tenue pero nítida, mientras que en un momento dado un trozo de fosforescencia parecía moverse furtivamente en el patio, cerca del granero.

The grass had so far seemed untouched, and the cows were freely pastured in the lot near the house, but toward the end of May the milk began to be bad. 31.1

Hasta entonces la hierba parecía intacta, y las vacas pastaban libremente en el solar cercano a la casa, pero hacia finales de mayo la leche empezó a estar mala.

Then Nahum had the cows driven to the uplands, 31.2

Entonces Nahum hizo llevar las vacas a las tierras altas,

after which this trouble ceased. 31.3

tras lo cual cesaron los problemas.

Not long after this the change in grass and leaves became apparent to the eye. 31.4

Poco después, el cambio en la hierba y las hojas se hizo evidente a los ojos.

All the verdure was going grey, and was developing a highly singular quality of brittleness. 31.5

Todo el verdor se estaba volviendo gris y desarrollaba una fragilidad muy singular.

Ammi was now the only person who ever visited the place, 31.6

Ammi era ahora la única persona que visitaba el lugar,

and his visits were becoming fewer and fewer. 31.7

y sus visitas eran cada vez menos frecuentes.

When school closed the Gardners were virtually cut off from the world, and sometimes let Ammi do their errands in town. 31.8

Cuando cerraba la escuela, los Gardner quedaban prácticamente aislados del mundo, y a veces dejaban que Ammi hiciera sus recados en la ciudad.

31.9 **They were failing curiously both physically and mentally,**

Estaban fracasando curiosamente tanto física como mentalmente,

31.10 **and no one was surprised when the news of Mrs. Gardner's madness stole around.**

y nadie se sorprendió cuando la noticia de la locura de la señora Gardner corrió por ahí.

32.1 **It happened in June, about the anniversary of the meteor's fall, and the poor woman screamed about things in the air which she could not describe.**

Ocurrió en junio, cerca del aniversario de la caída del meteorito, y la pobre mujer gritaba sobre cosas en el aire que no podía describir.

32.2 **In her raving there was not a single specific noun,**

En sus desvaríos no había ni un solo sustantivo concreto,

32.3 **but only verbs and pronouns.**

sino sólo verbos y pronombres.

32.4 **Things moved and changed and fluttered, and ears tingled to impulses which were not wholly sounds.**

Las cosas se movían, cambiaban y revoloteaban, y los oídos hormigueaban ante impulsos que no eran del todo sonidos.

32.5 **Something was taken away — she was being drained of something — something was fastening itself on her that ought not to be — someone must make it keep off — nothing was ever still in the night — the walls and windows shifted.**

Algo le había sido arrebatado, algo le estaba siendo drenado, algo se estaba apoderando de ella que no debía, alguien debía hacer que se alejara, nada estaba quieto en la noche, las paredes y las ventanas se movían.

Nahum did not send her to the county asylum,   32.6
Nahum no la envió al asilo del condado,

but let her wander about the house as long as she was   32.7
harmless to herself and others.
sino que la dejó vagar por la casa mientras fuera inofensiva
para sí misma y para los demás.

Even when her expression changed he did nothing.   32.8
Incluso cuando su expresión cambiaba, no hacía nada.

But when the boys grew afraid of her, and Thaddeus   32.9
nearly fainted at the way she made faces at him, he
decided to keep her locked in the attic.
Pero cuando los chicos empezaron a tenerle miedo y
Thaddeus estuvo a punto de desmayarse al ver cómo le
hacía muecas, decidió encerrarla en el desván.

By July she had ceased to speak and crawled on all   32.10
fours, and before that month was over Nahum got
the mad notion that she was slightly luminous in
the dark, as he now clearly saw was the case with the
nearby vegetation.
En julio había dejado de hablar y se arrastraba a cuatro
patas, y antes de que acabara el mes Nahum tuvo la loca
idea de que era ligeramente luminosa en la oscuridad,
como ahora veía claramente que ocurría con la vegetación
cercana.

It was a little before this that the horses had   33.1
stampeded.
Poco antes, los caballos habían salido en estampida.

Something had aroused them in the night,   33.2
Algo los había despertado por la noche,

33.3 and their neighing and kicking in their stalls had been terrible.

y sus relinchos y pataleos en los establos habían sido terribles.

33.4 There seemed virtually nothing to do to calm them, and when Nahum opened the stable door they all bolted out like frightened woodland deer.

No había prácticamente nada que hacer para calmarlos y, cuando Nahum abrió la puerta del establo, todos salieron corriendo como ciervos asustados.

33.5 It took a week to track all four,

Se tardó una semana en localizarlos a los cuatro,

33.6 and when found they were seen to be quite useless and unmanageable.

y cuando se les encontró se les vio bastante inútiles e ingobernables.

33.7 Something had snapped in their brains, and each one had to be shot for its own good.

Algo se había roto en sus cerebros y hubo que disparar a cada uno por su propio bien.

33.8 Nahum borrowed a horse from Ammi for his haying,

Nahum pidió prestado un caballo a Ammi para henificar,

33.9 but found it would not approach the barn.

pero se dio cuenta de que no quería acercarse al establo.

33.10 It shied, balked, and whinnied, and in the end he could do nothing but drive it into the yard while the men used their own strength to get the heavy wagon near enough the hayloft for convenient pitching.

Al final no pudo hacer otra cosa que conducirlo al patio, mientras los hombres empleaban sus propias fuerzas para acercar el pesado carro al pajar y lanzarlo con comodidad.

And all the while the vegetation was turning grey and brittle. 33.11

Mientras tanto, la vegetación se volvía gris y quebradiza.

Even the flowers whose hues had been so strange were graying now, and the fruit was coming out grey and dwarfed and tasteless. 33.12

Incluso las flores, cuyos matices habían sido tan extraños, se volvían grises ahora, y la fruta salía gris, enana e insípida.

The asters and goldenrod bloomed grey and distorted, and the roses and zinnias and hollyhocks in the front yard were such blasphemous-looking things that Nahum's oldest boy Zenas cut them down. 33.13

Los ásteres y las varas de oro florecían grises y deformes, y las rosas, las zinnias y las malvarrosas del jardín delantero tenían un aspecto tan blasfemo que Zenas, el hijo mayor de Nahum, las cortó.

The strangely puffed insects died about that time, 33.14

Por aquella época murieron los insectos,

even the bees that had left their hives and taken to the woods. 33.15

incluso las abejas que habían abandonado sus colmenas y se habían ido al bosque.

By September all the vegetation was fast crumbling to a greyish powder, and Nahum feared that the trees would die before the poison was out of the soil. 34.1

En septiembre, toda la vegetación se estaba convirtiendo rápidamente en un polvo grisáceo, y Nahum temía que los árboles murieran antes de que el veneno hubiera desaparecido del suelo.

34.2 His wife now had spells of terrific screaming,

Su mujer empezaba a tener ataques de gritos terribles,

34.3 and he and the boys were in a constant state of nervous tension.

y él y los niños estaban en un estado constante de tensión nerviosa.

34.4 They shunned people now,

Ahora rehuían a la gente,

34.5 and when school opened the boys did not go.

y cuando abría la escuela los chicos no iban.

34.6 But it was Ammi, on one of his rare visits, who first realized that the well water was no longer good.

Pero fue Ammi, en una de sus escasas visitas, el primero en darse cuenta de que el agua del pozo ya no era buena.

34.7 It had an evil taste that was not exactly fetid nor exactly salty,

Tenía un mal sabor que no era exactamente fétido ni exactamente salado,

34.8 and Ammi advised his friend to dig another well on higher ground to use till the soil was good again.

y Ammi aconsejó a su amigo que cavara otro pozo en un terreno más alto para utilizarlo hasta que la tierra volviera a ser buena.

34.9 Nahum, however, ignored the warning, for he had by that time become calloused to strange and unpleasant things.

Nahum, sin embargo, hizo caso omiso de la advertencia, pues para entonces se había vuelto insensible a las cosas extrañas y desagradables.

He and the boys continued to use the tainted supply, 34.10

Él y los muchachos siguieron utilizando el agua contaminada,

drinking it as listlessly and mechanically as they ate their meagre and ill-cooked meals and did their thankless and monotonous chores through the aimless days. 34.11

bebiéndola tan desganada y mecánicamente como comían sus escasas y mal cocinadas comidas y hacían sus ingratas y monótonas tareas durante los días sin rumbo.

There was something of stolid resignation about them all, 34.12

Había algo de resignación en todos ellos,

as if they walked half in another world between lines of nameless guards to a certain and familiar doom. 34.13

como si caminaran medio en otro mundo entre filas de guardias sin nombre hacia un destino seguro y familiar.

Thaddeus went mad in September after a visit to the well. 35.1

Tadeo enloqueció en septiembre tras una visita al pozo.

He had gone with a pail and had come back empty-handed, shrieking and waving his arms, and sometimes lapsing into an inane titter or a whisper about 35.2

Había ido con un cubo y había vuelto con las manos vacías, chillando y agitando los brazos, y a veces soltando una risita inane o un susurro sobre

"the moving colours down there." 35.3

"los colores que se mueven ahí abajo."

172

35.4 Two in one family was pretty bad,

Dos niños en una misma familia era bastante malo,

35.5 but Nahum was very brave about it.

pero Nahum era muy valiente al respecto.

35.6 He let the boy run about for a week until he began stumbling and hurting himself, and then he shut him in an attic room across the hall from his mother's.

Dejó que el niño correteara durante una semana hasta que empezó a tropezar y a hacerse daño, y entonces lo encerró en una habitación del desván, enfrente de la de su madre.

35.7 The way they screamed at each other from behind their locked doors was very terrible, especially to little Merwin, who fancied they talked in some terrible language that was not of earth.

La forma en que se gritaban desde detrás de las puertas cerradas era terrible, sobre todo para el pequeño Merwin, que creía que hablaban en un idioma terrible que no era terrenal.

35.8 Merwin was getting frightfully imaginative,

Merwin se estaba volviendo terriblemente imaginativo,

35.9 and his restlessness was worse after the shutting away of the brother who had been his greatest playmate.

y su inquietud había empeorado tras el encierro del hermano que había sido su mejor compañero de juegos.

36.1 Almost at the same time the mortality among the livestock commenced.

Casi al mismo tiempo comenzó la mortandad entre el ganado.

Poultry turned greyish and died very quickly, 36.2

Las aves de corral se volvieron grisáceas y murieron muy rápidamente,

their meat being found dry and noisome upon cutting. 36.3

encontrándose su carne seca y maloliente al cortarla.

Hogs grew inordinately fat, then suddenly began to undergo loathsome changes which no one could explain. 36.4

Los cerdos engordaron desmesuradamente y, de repente, empezaron a sufrir cambios repugnantes que nadie podía explicar.

Their meat was of course useless, and Nahum was at his wit's end. 36.5

Su carne era, por supuesto, inservible, y Nahum no sabía qué hacer.

No rural veterinary would approach his place, 36.6

Ningún veterinario rural se acercaba a su casa,

and the city veterinary from Arkham was openly baffled. 36.7

y el veterinario de la ciudad de Arkham estaba abiertamente desconcertado.

The swine began growing grey and brittle and falling to pieces before they died, 36.8

Los cerdos empezaron a volverse grises y quebradizos y a caerse a pedazos antes de morir,

and their eyes and muzzles developed singular alterations. 36.9

y sus ojos y hocicos desarrollaron singulares alteraciones.

36.10 It was very inexplicable,
Era muy inexplicable,

36.11 for they had never been fed from the tainted vegetation.
pues nunca habían sido alimentados con la vegetación contaminada.

36.12 Then something struck the cows.
Entonces algo sorprendió a las vacas.

36.13 Certain areas or sometimes the whole body would be uncannily shrivelled or compressed, and atrocious collapses or disintegrations were common.
Ciertas zonas, o a veces todo el cuerpo, se marchitaban o comprimían de forma extraña, y eran frecuentes los colapsos o desintegraciones atroces.

36.14 In the last stages - and death was always the result -
En las últimas etapas - y la muerte era siempre el resultado -

36.15 there would be a greying and turning brittle like that which beset the hogs.
se producía un ennegrecimiento y un volverse quebradizo como el que acosaba a los cerdos.

36.16 There could be no question of poison,
No se podía hablar de envenenamiento,

36.17 for all the cases occurred in a locked and undisturbed barn.
pues todos los casos ocurrían en un establo cerrado y tranquilo.

36.18 No bites of prowling things could have brought the virus,
Ninguna mordedura de animales merodeadores podría haber transmitido el virus,

for what live beast of earth can pass through solid obstacles?

36.19

pues ¿qué animal vivo de la tierra puede atravesar obstáculos sólidos?

It must be only natural disease — yet what disease could wreak such results was beyond any mind's guessing.

36.20

Debía de tratarse de una enfermedad natural, pero nadie podía imaginar qué enfermedad podía provocar semejantes resultados.

When the harvest came there was not an animal surviving on the place, for the stock and poultry were dead and the dogs had run away.

36.21

Cuando llegó la cosecha, no quedaba un solo animal vivo en el lugar, pues el ganado y las aves de corral habían muerto y los perros se habían escapado.

These dogs, three in number, had all vanished one night and were never heard of again.

36.22

Los perros, que eran tres, desaparecieron una noche y nunca más se supo de ellos.

The five cats had left some time before, but their going was scarcely noticed since there now seemed to be no mice, and only Mrs. Gardner had made pets of the graceful felines.

36.23

Los cinco gatos se habían marchado hacía algún tiempo, pero apenas se notó su marcha, ya que ahora parecía no haber ratones y sólo la señora Gardner había hecho de los graciosos felinos sus mascotas.

38.1 On the nineteenth of October Nahum staggered into Ammi's house with hideous news.

El diecinueve de octubre, Nahum entró tambaleándose en casa de Ammi con noticias espantosas.

38.2 The death had come to poor Thaddeus in his attic room,

La muerte había llegado al pobre Tadeo en su habitación del desván,

38.3 and it had come in a way which could not be told.

y de una forma que no podía contarse.

38.4 Nahum had dug a grave in the railed family plot behind the farm, and had put therein what he found.

Nahum había cavado una tumba en la parcela familiar, detrás de la granja, y había puesto en ella lo que encontró.

38.5 There could have been nothing from outside,

No podía haber nada del exterior,

38.6 for the small barred window and locked door were intact;

pues la pequeña ventana enrejada y la puerta cerrada con llave estaban intactas;

38.7 but it was much as it had been in the barn.

pero la situación era muy parecida a la del granero.

38.8 Ammi and his wife consoled the stricken man as best they could,

Ammi y su esposa consolaron al hombre lo mejor que pudieron,

38.9 but shuddered as they did so.

pero se estremecieron al hacerlo.

Stark terror seemed to cling round the Gardners and all they touched, 38.10

Un terror glacial parecía rodear a los Gardner y todo lo que tocaban,

and the very presence of one in the house was a breath from regions unnamed and unnameable. 38.11

y la sola presencia de alguien en la casa era un soplo de regiones innombrables e innombrables.

Ammi accompanied Nahum home with the greatest reluctance, and did what he might to calm the hysterical sobbing of little Merwin. 38.12

Ammi acompañó a Nahum a casa con gran desgana e hizo lo que pudo para calmar los sollozos histéricos del pequeño Merwin.

Zenas needed no calming. 38.13

Zenas no necesitaba que lo calmaran.

He had come of late to do nothing but stare into space and obey what his father told him; and Ammi thought that his fate was very merciful. 38.14

Últimamente no hacía más que mirar al vacío y obedecer las órdenes de su padre, y Ammi pensó que su destino era muy misericordioso.

Now and then Merwin's screams were answered faintly from the attic, and in response to an inquiring look Nahum said that his wife was getting very feeble. 38.15

De vez en cuando se oían débiles gritos de Merwin desde el desván y, en respuesta a una mirada inquisitiva, Nahum dijo que su mujer se estaba debilitando mucho.

When night approached, Ammi managed to get away; 38.16

Cuando se acercó la noche, Ammi consiguió alejarse;

38.17 for not even friendship could make him stay in that spot when the faint glow of the vegetation began and the trees may or may not have swayed without wind.

pues ni siquiera la amistad podía hacerle permanecer en aquel lugar cuando comenzaba el tenue resplandor de la vegetación y los árboles podían o no mecerse sin viento.

38.18 It was really lucky for Ammi that he was not more imaginative.

Fue una verdadera suerte para Ammi no ser más imaginativo.

38.19 Even as things were, his mind was bent ever so slightly;

Tal y como estaban las cosas, su mente se torcía muy levemente;

38.20 but had he been able to connect and reflect upon all the portents around him he must inevitably have turned a total maniac.

pero si hubiera podido conectar y reflexionar sobre todos los presagios que le rodeaban, inevitablemente se habría convertido en un maníaco total.

38.21 In the twilight he hastened home,

En el crepúsculo se apresuró a volver a casa,

38.22 the screams of the mad woman and the nervous child ringing horrible in his ears.

con los gritos de la mujer loca y del niño nervioso resonando horriblemente en sus oídos.

Three days later Nahum burst into Ammi's kitchen in the early morning, and in the absence of his host stammered out a desperate tale once more, while Mrs. Pierce listened in a clutching fright. 39.1

Tres días más tarde, Nahum irrumpió de madrugada en la cocina de Ammi y, en ausencia de su anfitrión, balbuceó una vez más una historia desesperada, mientras la señora Pierce escuchaba atenazada por el miedo.

It was little Merwin this time. He was gone. 39.2

Esta vez se trataba del pequeño Merwin. Se había ido.

He had gone out late at night with a lantern and pail for water, 39.3

Había salido a altas horas de la noche con una linterna y un cubo de agua,

and had never come back. 39.4

y nunca había vuelto.

He'd been going to pieces for days, and hardly knew what he was about. 39.5

Llevaba días desquiciado y apenas sabía lo que hacía.

Screamed at everything. 39.6

Gritaba a todo.

There had been a frantic shriek from the yard then, 39.7

En ese momento se oyó un grito frenético en el patio,

but before the father could get to the door the boy was gone. 39.8

pero antes de que el padre pudiera llegar a la puerta el muchacho había desaparecido.

There was no glow from the lantern he had taken, 39.9

No se veía el resplandor de la linterna que había cogido,

39.10 and of the child himself no trace.

ni rastro del niño.

39.11 At the time Nahum thought the lantern and pail were gone too; but when dawn came, and the man had plodded back from his all-night search of the woods and fields, he had found some very curious things near the well.

Nahum pensó entonces que la linterna y el cubo también habían desaparecido, pero cuando amaneció y el hombre regresó de su búsqueda nocturna por los bosques y los campos, encontró algunas cosas muy curiosas cerca del pozo.

39.12 There was a crushed and apparently somewhat melted mass of iron which had certainly been the lantern;

Había una masa de hierro aplastada y aparentemente algo fundida, que sin duda había sido la linterna;

39.13 while a bent pail and twisted iron hoops beside it, both half-fused, seemed to hint at the remnants of the pail.

mientras que un cubo doblado y unos aros de hierro retorcidos a su lado, ambos medio fundidos, parecían insinuar los restos del cubo.

39.14 That was all.

Eso era todo.

39.15 Nahum was past imagining, Mrs. Pierce was blank, and Ammi, when he had reached home and heard the tale, could give no guess.

Nahum ya no se lo imaginaba, la señora Pierce estaba en blanco, y Ammi, cuando llegó a casa y escuchó el relato, no pudo hacer conjeturas.

Merwin was gone, and there would be no use in telling the people around, who shunned all Gardners now. 39.16

Merwin se habia ido y de nada serviria contarselo a la gente de los alrededores, que ahora rehuian a todos los Gardner.

No use, either, in telling the city people at Arkham who laughed at everything. 39.17

Tampoco serviría de nada contárselo a la gente de Arkham, que se reía de todo.

Thad was gone, and now Merwin was gone. 39.18

Thad se había ido, y ahora Merwin se había ido.

Something was creeping and creeping and waiting to be seen and heard. 39.19

Algo se arrastraba y esperaba ser visto y oído.

Nahum would go soon, 39.20

Nahum se iría pronto,

and he wanted Ammi to look after his wife and Zenas if they survived him. 39.21

y quería que Ammi cuidara de su mujer y de Zenas si le sobrevivían.

It must all be a judgment of some sort; though he could not fancy what for, since he had always walked uprightly in the Lord's ways so far as he knew. 39.22

Debía de tratarse de algún tipo de juicio, aunque no se le ocurría por qué, ya que, por lo que él sabía, siempre había caminado rectamente por los caminos del Señor.

For over two weeks Ammi saw nothing of Nahum; 40.1

Durante más de dos semanas, Ammi no vio nada de Nahum;

40.2 and then, worried about what might have happened, he overcame his fears and paid the Gardner place a visit.

y entonces, preocupado por lo que pudiera haber ocurrido, venció sus temores y realizó una visita al lugar de Gardner.

40.3 There was no smoke from the great chimney,

No salía humo de la gran chimenea,

40.4 and for a moment the visitor was apprehensive of the worst.

y por un momento el visitante temió lo peor.

40.5 The aspect of the whole farm was shocking — greyish withered grass and leaves on the ground, vines falling in brittle wreckage from archaic walls and gables, and great bare trees clawing up at the grey November sky with a studied malevolence which Ammi could not but feel had come from some subtle change in the tilt of the branches.

El aspecto de toda la granja era chocante: hierba grisácea y marchita y hojas en el suelo, enredaderas que caían en frágiles escombros de muros y frontones arcaicos y grandes árboles desnudos que arañaban el cielo gris de noviembre con una estudiada malevolencia que Ammi no pudo evitar sentir que procedía de algún sutil cambio en la inclinación de las ramas.

40.6 But Nahum was alive, after all.

Pero, después de todo, Nahum estaba vivo.

40.7 He was weak, and lying in a couch in the low-ceiled kitchen, but perfectly conscious and able to give simple orders to Zenas.

Estaba débil, tumbado en un sofá de la cocina de techo bajo, pero perfectamente consciente y capaz de dar órdenes sencillas a Zenas.

The room was deadly cold; and as Ammi visibly shivered, the host shouted huskily to Zenas for more wood.   40.8

La habitación estaba mortalmente fría y, cuando Ammi se estremeció visiblemente, el anfitrión gritó en voz baja a Zenas que pidiera más leña.

Wood, indeed, was sorely needed; since the cavernous fireplace was unlit and empty, with a cloud of soot blowing about in the chill wind that came down the chimney.   40.9

La leña, en efecto, era muy necesaria, ya que la cavernosa chimenea estaba apagada y vacía, con una nube de hollín que soplaba en el frío viento que bajaba por la chimenea.

Presently Nahum asked him if the extra wood had made him any more comfortable,   40.10

Nahum le preguntó si la leña extra le había hecho sentirse más cómodo,

and then Ammi saw what had happened.   40.11

y entonces Ammi vio lo que había sucedido.

The stoutest cord had broken at last,   40.12

La cuerda más resistente se había roto al fin,

and the hapless farmer's mind was proof against more sorrow.   40.13

y la mente del desdichado granjero estaba a prueba de más penas.

Questioning tactfully,   41.1

Preguntando con tacto,

41.2 **Ammi could get no clear data at all about the missing Zenas.**

Ammi no pudo obtener ningún dato claro sobre el desaparecido Zenas.

41.3 **"In the well — he lives in the well — " was all that the clouded father would say.**

"En el pozo, vive en el pozo", fue todo lo que dijo el nublado padre.

41.4 **Then there flashed across the visitor's mind a sudden thought of the mad wife,**

Entonces le vino a la mente un pensamiento repentino sobre la esposa loca,

41.5 **and he changed his line of inquiry. "Nabby?**

y cambió su línea de investigación. "¿Nabby?

41.6 **Why, here she is."**

Vaya, aquí está", fue la sorprendida respuesta del pobre Nahum, y Ammi no tardó en darse cuenta de que debía buscarla él mismo."

41.7 **was the surprised response of poor Nahum,**

Dejando a la inofensiva parlanchina en el sofá,

41.8 **and Ammi soon saw that he must search for himself.**

cogió las llaves de su clavo junto a la puerta y subió las chirriantes escaleras hasta el desván.

41.9 **Leaving the harmless babbler on the couch,**

Allí arriba se estaba muy cerca y había mucho ruido,

41.10 **he took the keys from their nail beside the door and climbed the creaking stairs to the attic.**

y no se oía ningún ruido en ninguna dirección.

It was very close and noisome up there, and no sound could be heard from any direction. 41.11

De las cuatro puertas a la vista, sólo una estaba cerrada, y en ella probó varias llaves en el anillo que había cogido.

Of the four doors in sight, only one was locked, and on this he tried various keys on the ring he had taken. The third key proved the right one, and after some fumbling Ammi threw open the low white door. 41.12

La tercera llave resultó ser la correcta y, tras tantear un poco, Ammi abrió la puerta blanca y baja. .

It was quite dark inside, 42.1

Dentro estaba bastante oscuro,

for the window was small and half-obscured by the crude wooden bars; 42.2

pues la ventana era pequeña y estaba medio oculta por los toscos barrotes de madera;

and Ammi could see nothing at all on the wide-planked floor. 42.3

y Ammi no podía ver nada en absoluto en el ancho suelo de tablas.

The stench was beyond enduring, 42.4

El hedor era insoportable,

and before proceeding further he had to retreat to another room and return with his lungs filled with breathable air. 42.5

y antes de seguir adelante tuvo que retirarse a otra habitación y regresar con los pulmones llenos de aire respirable.

42.6 When he did enter he saw something dark in the corner, and upon seeing it more clearly he screamed outright.

Cuando entró, vio algo oscuro en un rincón y, al verlo con más claridad, gritó con todas sus fuerzas.

42.7 While he screamed he thought a momentary cloud eclipsed the window,

Mientras gritaba le pareció que una nube momentánea eclipsaba la ventana,

42.8 and a second later he felt himself brushed as if by some hateful current of vapour.

y un segundo después se sintió rozado como por una odiosa corriente de vapor.

42.9 Strange colours danced before his eyes;

Extraños colores danzaban ante sus ojos;

42.10 and had not a present horror numbed him he would have thought of the globule in the meteor that the geologist's hammer had shattered, and of the morbid vegetation that had sprouted in the spring.

y si el horror presente no le hubiera adormecido, habría pensado en el glóbulo del meteorito que el martillo del geólogo había destrozado, y en la mórbida vegetación que había brotado en primavera.

42.11 As it was he thought only of the blasphemous monstrosity which confronted him, and which all too clearly had shared the nameless fate of young Thaddeus and the livestock.

Así las cosas, sólo pensó en la monstruosidad blasfema que tenía delante y que, con toda claridad, había compartido el destino sin nombre del joven Tadeo y del ganado.

But the terrible thing about the horror was that it very slowly and perceptibly moved as it continued to crumble. 42.12

Pero lo terrible del horror era que se movía muy lenta y perceptiblemente mientras seguía desmoronándose.

Ammi would give me no added particulars of this scene, 44.1

Ammi no quiso darme más detalles de esta escena,

but the shape in the corners does not re-appear in his tale as a moving object. 44.2

pero la figura de las esquinas no vuelve a aparecer en su relato como un objeto en movimiento.

There are things which cannot be mentioned, 44.3

Hay cosas que no se pueden mencionar,

and what is done in common humanity is sometimes cruelly judged by the law. 44.4

y lo que se hace por humanidad común a veces es juzgado cruelmente por la ley.

I gathered that no moving thing was left in that attic room, 44.5

Deduje que no se dejó ningún objeto móvil en aquella habitación del desván,

44.6 and that to leave anything capable of motion there would have been a deed so monstrous as to damn any accountable being to eternal torment.

y que dejar allí cualquier cosa capaz de moverse habría sido un acto tan monstruoso como para condenar a cualquier ser responsable al tormento eterno.

44.7 Anyone but a stolid farmer would have fainted or gone mad,

Cualquiera que no fuera un granjero estirado se habría desmayado o enloquecido,

44.8 but Ammi walked conscious through that low doorway and locked the accursed secret behind him.

pero Ammi atravesó consciente aquella puerta baja y cerró tras de sí el maldito secreto.

44.9 There would be Nahum to deal with now;

Ahora había que ocuparse de Nahum;

44.10 he must be fed and tended,

había que alimentarlo,

44.11 and removed to some place where he could be cared for.

cuidarlo y llevarlo a algún lugar donde pudieran atenderlo.

45.1 Commencing his descent of the dark stairs,

Al comenzar a bajar la oscura escalera,

45.2 Ammi heard a thud below him.

Ammi oyó un ruido sordo debajo de él.

45.3 He even thought a scream had been suddenly choked off,

Incluso pensó que un grito había sido ahogado de repente,

and recalled nervously the clammy vapour which had brushed by him in that frightful room above. 45.4

y recordó nervioso el vapor húmedo que le había rozado en aquella espantosa habitación de arriba.

What presence had his cry and entry started up? 45.5

¿Qué presencia había provocado su grito y su entrada?

Halted by some vague fear, he heard still further sounds below. 45.6

Detenido por un vago temor, oyó aún más ruidos abajo.

Indubitably there was a sort of heavy dragging, and a most detestably sticky noise as of some fiendish and unclean species of suction. 45.7

Indudablemente, había una especie de arrastre pesado y un ruido detestablemente pegajoso, como el de alguna especie diabólica e inmunda de succión.

With an associative sense goaded to feverish heights, 45.8

Con un sentido asociativo enfebrecido,

he thought unaccountably of what he had seen upstairs. 45.9

pensó inexplicablemente en lo que había visto arriba.

Good God! 45.10

¡Santo Dios!

What eldritch dream-world was this into which he had blundered? 45.11

¿En qué mundo de ensueño había caído?

He dared move neither backward nor forward, 45.12

No se atrevió a avanzar ni retroceder,

45.13 but stood there trembling at the black curve of the boxed-in staircase.

sino que se quedó temblando ante la curva negra de la escalera encajonada.

45.14 Every trifle of the scene burned itself into his brain.

Cada detalle de la escena se grababa a fuego en su cerebro.

45.15 The sounds, the sense of dread expectancy, the darkness, the steepness of the narrow steps — and merciful Heaven!

Los sonidos, la sensación de espantosa expectación, la oscuridad, lo empinado de los estrechos peldaños y, ¡cielo misericordioso!

45.16 — the faint but unmistakable luminosity of all the woodwork in sight; steps, sides, exposed laths, and beams alike.

la débil pero inconfundible luminosidad de toda la carpintería a la vista: peldaños, costados, listones expuestos y vigas por igual.

46.1 Then there burst forth a frantic whinny from Ammi's horse outside,

Entonces estalló un relincho frenético del caballo de Ammi,

46.2 followed at once by a clatter which told of a frenzied runaway.

seguido de un estrépito que indicaba una huida frenética.

46.3 In another moment horse and buggy had gone beyond earshot, leaving the frightened man on the dark stairs to guess what had sent them.

En otro momento, el caballo y la calesa habían desaparecido del alcance del oído, dejando al asustado hombre de la oscura escalera adivinar qué los había enviado.

But that was not all. There had been another sound out there.   46.4

Pero eso no era todo. Había habido otro sonido ahí fuera.

A sort of liquid splash — water — it must have been the well.   46.5

Una especie de salpicadura líquida — agua — debía de ser el pozo.

He had left Hero untied near it,   46.6

Había dejado a Hero desatado cerca de él,

and a buggy-wheel must have brushed the coping and knocked in a stone.   46.7

y una rueda de calesa debió de rozar el brocal y golpear una piedra.

And still the pale phosphorescense glowed in that detestably ancient woodwork.   46.8

Y aún la pálida fosforescencia brillaba en aquella carpintería detestablemente antigua.

God! how old the house was! Most of it built before 1700.   46.9

¡Dios, qué vieja era la casa! La mayor parte construida antes de 1700.

A feeble scratching on the floor downstairs now sounded distinctly,   47.1

Ahora se oía claramente un débil arañazo en el suelo del piso de abajo,

and Ammi's grip tightened on a heavy stick he had picked up in the attic for some purpose.   47.2

y Ammi apretó con fuerza un pesado palo que había cogido en el desván con algún propósito.

47.3 Slowly nerving himself, he finished his descent and walked boldly toward the kitchen.

Lentamente, se puso nervioso, terminó de descender y se dirigió con valentía hacia la cocina.

47.4 But he did not complete the walk,

Pero no terminó de caminar,

47.5 because what he sought was no longer there.

porque lo que buscaba ya no estaba allí.

47.6 It had come to meet him, and it was still alive after a fashion.

Había salido a su encuentro y, en cierto modo, seguía vivo.

47.7 Whether it had crawled or whether it had been dragged by any external forces,

Si se había arrastrado o si había sido arrastrado por alguna fuerza externa,

47.8 Ammi could not say; but the death had been at it.

Ammi no podía decirlo; pero la muerte había estado en él.

47.9 Everything had happened in the last half-hour, but collapse, greying, and disintegration were already far advanced.

Todo había sucedido en la última media hora, pero el colapso, el encanecimiento y la desintegración estaban ya muy avanzados.

47.10 There was a horrible brittleness,

Había una horrible fragilidad,

47.11 and dry fragments were scaling off. Ammi could not touch it,

y fragmentos secos se desprendían. Ammi no pudo tocarlo,

but looked horrifiedly into the distorted parody that had been a face.

47.12

pero miró horrorizada la distorsionada parodia que había sido un rostro.

"What was it, Nahum — what was it?"

47.13

"¿Qué era, Nahum, qué era?"

He whispered, and the cleft, bulging lips were just able to crackle out a final answer. .

47.14

. Susurró, y los labios hendidos y abultados apenas pudieron emitir una respuesta final.

"Nothin' ...nothin' ...the colour ...it burns ...

48.1

"Nothin' ...nothin' ...the colour ...it burns ...

cold an' wet,

48.2

cold an' wet,

but it burns ...it lived in the well ...I seen it ...a kind o' smoke ...jest like the flowers last spring ...the well shone at night ...Thad an' Merwin an' Zenas ...everything alive ...suckin' the life out of everything ...in that stone ...it must o' come in that stone ...pizened the whole place ...dun't know what it wants ...that round thing them men from the college dug outen the stone ...they smashed it ...it was that same colour ...jest the same,

48.3

but it burns ...it lived in the well ...Lo vi ...una especie de humo ...como las flores de la primavera pasada ...el pozo brillaba por la noche ...Thad y Merwin y Zenas ...todo vivo ...chupando la vida de todo ...en esa piedra ...debe de haber venido en esa piedra ...pizcado todo el lugar ...no sé lo que quiere ...esa cosa redonda que los hombres de la universidad sacaron de la piedra ...la rompieron ...era del mismo color ...igual,

48.4 like the flowers an' plants ...must a' ben more of 'em ...seeds ...seeds ...they growed ...I seen it the fust time this week ...must a' got strong on Zenas ...he was a big boy,

como las flores y las plantas ...deben haber sido más ...semillas ...semillas ...crecieron ...Lo vi por primera vez esta semana ...debe haber sido fuerte en Zenas ...era un chico grande,

48.5 full o' life ...it beats down your mind an' then gits ye ...burns ye up ...in the well water ...you was right about that ...evil water ...Zenas never come back from the well ...can't git away ...draws ye ...ye know summ'at's comin,'

lleno de vida ...te golpea la mente y luego te agarra ...te quema ...en el agua del pozo ...tenías razón en eso ...agua maligna ...Zenas nunca vuelve del pozo ...no puede escapar ...te atrae ...sabes que viene algo,

48.6 but 'tain't no use ...I seen it time an' agin Zenas was took ...whar's Nabby,

pero no sirve de nada ...Lo vi una y otra vez cuando se llevaron a Zenas ...¿dónde está Nabby,

48.7 Ammi? ...

Ammi? ...

my head's no good ...dun't know how long sence I
fed her ...it'll git her ef we ain't keerful ...jest a colour
...her face is gittin' to hev that colour sometimes
towards night ...an' it burns an' sucks ...it come from
some place whar things ain't as they is here ...one
o' them professors said so ...he was right ...look out,
Ammi, it'll do suthin' more ...sucks the life out ..."

*mi cabeza no está bien ...no sé cuánto hace desde que le di
de comer ...la matará si no estamos atentos ...sólo un color
...su cara empieza a tener ese color a veces hacia la noche
...y quema y chupa ...viene de algún lugar donde las cosas
no son como aquí ...uno de esos profesores lo dijo ...tenía
razón ...cuidado, Ammi, hará algo más ...chupa la vida ..."*

48.8

But that was all.

Pero eso era todo.

49.1

That which spoke could speak no more because it had
completely caved in.

*Lo que hablaba ya no podía hablar más porque se había
derrumbado por completo.*

49.2

Ammi laid a red checked tablecloth over what was left
and reeled out the back door into the fields.

*Ammi colocó un mantel de cuadros rojos sobre lo que
quedaba y salió por la puerta trasera hacia los campos.*

49.3

He climbed the slope to the ten-acre pasture and
stumbled home by the north road and the woods.

*Subió la pendiente hasta el prado de diez acres y volvió a
casa dando tumbos por el camino del norte y el bosque.*

49.4

He could not pass that well from which his horses
had run away.

*No podía pasar por aquel pozo del que se habían escapado
sus caballos.*

49.5

49.6 He had looked at it through the window, and had seen that no stone was missing from the rim.

Lo había mirado por la ventana y había visto que no faltaba ninguna piedra en el brocal.

49.7 Then the lurching buggy had not dislodged anything after all — the splash had been something else — something which went into the well after it had done with poor Nahum ...

Entonces, después de todo, el tambaleo de la calesa no había desalojado nada: el chapoteo había sido otra cosa, algo que se había metido en el pozo después de acabar con el pobre Nahum ...

50.1 When Ammi reached his house the horses and buggy had arrived before him and thrown his wife into fits of anxiety.

Cuando Ammi llegó a su casa, los caballos y la calesa habían llegado antes que él y habían provocado en su esposa un ataque de ansiedad.

50.2 Reassuring her without explanations,

Tranquilizándola sin explicaciones,

50.3 he set out at once for Arkham and notified the authorities that the Gardner family was no more.

partió de inmediato hacia Arkham y notificó a las autoridades que la familia Gardner ya no existía.

He indulged in no details, but merely told of the deaths of Nahum and Nabby, that of Thaddeus being already known, and mentioned that the cause seemed to be the same strange ailment which had killed the livestock.

50.4

No entró en detalles, sino que se limitó a relatar la muerte de Nahum y Nabby, ya conocida la de Thaddeus, y mencionó que la causa parecía ser la misma extraña dolencia que había matado al ganado.

He also stated that Merwin and Zenas had disappeared.

50.5

También declaró que Merwin y Zenas habían desaparecido.

There was considerable questioning at the police station, and in the end Ammi was compelled to take three officers to the Gardner farm, together with the coroner, the medical examiner, and the veterinary who had treated the diseased animals.

50.6

Hubo un interrogatorio considerable en la comisaría, y al final Ammi se vio obligado a llevar a tres agentes a la granja Gardner, junto con el forense, el médico forense y el veterinario que había tratado a los animales enfermos.

He went much against his will, for the afternoon was advancing and he feared the fall of night over that accursed place, but it was some comfort to have so many people with him.

50.7

Fue muy en contra de su voluntad, pues la tarde avanzaba y temía que cayera la noche sobre aquel lugar maldito, pero fue un consuelo tener a tanta gente con él.

51.1 The six men drove out in a democrat-wagon, following Ammi's buggy, and arrived at the pest-ridden farmhouse about four o'clock.

Los seis hombres salieron en un carro demócrata, siguiendo la calesa de Ammi, y llegaron a la granja asolada por la peste hacia las cuatro.

51.2 Used as the officers were to gruesome experiences,

Acostumbrados como estaban los oficiales a experiencias horripilantes,

51.3 not one remained unmoved at what was found in the attic and under the red checked tablecloth on the floor below.

ninguno permaneció impasible ante lo que encontraron en el desván y bajo el mantel de cuadros rojos en el piso de abajo.

51.4 The whole aspect of the farm with its grey desolation was terrible enough, but those two crumbling objects were beyond all bounds.

Todo el aspecto de la granja, con su gris desolación, ya era terrible, pero aquellos dos objetos desmoronados sobrepasaban todos los límites.

51.5 No one could look long at them,

Nadie podía mirarlos durante mucho tiempo,

51.6 and even the medical examiner admitted that there was very little to examine.

e incluso el médico forense admitió que había muy poco que examinar.

Specimens could be analysed, of course, so he busied   51.7
himself in obtaining them — and here it develops
that a very puzzling aftermath occurred at the college
laboratory where the two phials of dust were finally
taken.

Las muestras podían analizarse, por supuesto, así que
se afanó en obtenerlas, y aquí resulta que se produjo
una secuela muy desconcertante en el laboratorio de la
universidad donde finalmente se tomaron las dos ampollas
de polvo.

Under the spectroscope both samples gave off an   51.8
unknown spectrum, in which many of the baffling
bands were precisely like those which the strange
meteor had yielded in the previous year.

Bajo el espectroscopio, ambas muestras emitían
un espectro desconocido, en el que muchas de las
desconcertantes bandas eran precisamente como las que el
extraño meteoro había emitido el año anterior.

The property of emitting this spectrum vanished in a   51.9
month,

La propiedad de emitir este espectro desapareció al cabo de
un mes,

the dust thereafter consisting mainly of alkaline   51.10
phosphates and carbonates.

y a partir de entonces el polvo consistió principalmente en
fosfatos alcalinos y carbonatos.

53.1 Ammi would not have told the men about the well if he had thought they meant to do anything then and there.

Ammi no les habría hablado del pozo si hubiera creído que iban a hacer algo allí mismo.

53.2 It was getting toward sunset, and he was anxious to be away.

Se acercaba el atardecer y estaba ansioso por marcharse.

53.3 But he could not help glancing nervously at the stony curb by the great sweep, and when a detective questioned him he admitted that Nahum had feared something down there — so much so that he had never even thought of searching it for Merwin or Zenas.

Pero no pudo evitar echar una mirada nerviosa al bordillo pedregoso junto a la gran barredera, y cuando un detective lo interrogó admitió que Nahum había temido algo allí abajo, tanto que ni siquiera se le había ocurrido buscar a Merwin o a Zenas.

53.4 After that nothing would do but that they empty and explore the well immediately, so Ammi had to wait trembling while pail after pail of rank water was hauled up and splashed on the soaking ground outside.

Después de aquello, lo único que podían hacer era vaciar y explorar el pozo inmediatamente, así que Ammi tuvo que esperar temblorosa mientras subían cubo tras cubo de agua rancia y la salpicaban sobre el suelo empapado del exterior.

53.5 The men sniffed in disgust at the fluid, and toward the last held their noses against the foetor they were uncovering.

Los hombres olfatearon el líquido con asco y, hacia el final, se taparon la nariz con el fétro que estaban destapando.

It was not so long a job as they had feared it would be,   53.6

No fue un trabajo tan largo como habían temido,

since the water was phenomenally low.   53.7

ya que el agua estaba fenomenalmente baja.

There is no need to speak too exactly of what they found.   53.8

No es necesario hablar con demasiada exactitud de lo que encontraron.

Merwin and Zenas were both there, in part, though the vestiges were mainly skeletal.   53.9

Merwin y Zenas estaban allí, en parte, aunque los vestigios eran principalmente esqueléticos.

There were also a small deer and a large dog in about the same state,   53.10

También había un ciervo pequeño y un perro grande más o menos en el mismo estado,

and a number of bones of smaller animals.   53.11

y varios huesos de animales más pequeños.

The ooze and slime at the bottom seemed inexplicably porous and bubbling,   53.12

El exudado y el limo del fondo parecían inexplicablemente porosos y burbujeantes,

and a man who descended on hand-holds with a long pole found that he could sink the wooden shaft to any depth in the mud of the floor without meeting any solid obstruction.   53.13

y un hombre que descendió a pulso con una larga pértiga comprobó que podía hundir el pozo de madera a cualquier profundidad en el fango del suelo sin encontrar ninguna obstrucción sólida.

54.1 Twilight had now fallen, and lanterns were brought from the house.

Había anochecido y trajeron linternas de la casa.

54.2 Then, when it was seen that nothing further could be gained from the well, everyone went indoors and conferred in the ancient sitting-room while the intermittent light of a spectral half-moon played wanly on the grey desolation outside.

Luego, cuando se vio que no se podía sacar nada más del pozo, todos entraron y se reunieron en la antigua sala de estar mientras la luz intermitente de una media luna espectral jugaba débilmente sobre la desolación gris del exterior.

54.3 The men were frankly nonplussed by the entire case, and could find no convincing common element to link the strange vegetable conditions, the unknown disease of livestock and humans, and the unaccountable deaths of Merwin and Zenas in the tainted well.

Los hombres estaban francamente desconcertados por todo el caso, y no podían encontrar ningún elemento común convincente que relacionara las extrañas condiciones vegetales, la desconocida enfermedad del ganado y los humanos, y las inexplicables muertes de Merwin y Zenas en el pozo contaminado.

54.4 They had heard the common country talk, it is true;

Habían oído hablar a la gente del campo, es cierto;

54.5 but could not believe that anything contrary to natural law had occurred.

pero no podían creer que hubiera ocurrido nada contrario a la ley natural.

54.6 No doubt the meteor had poisoned the soil,

Sin duda el meteorito había envenenado el suelo,

but the illness of person and animals who had eaten nothing grown in that soil was another matter. 54.7

pero la enfermedad de personas y animales que no habían comido nada cultivado en ese suelo era otra cosa.

Was it the well water? Very possibly. 54.8

¿Fue el agua del pozo? Es muy posible.

It might be a good idea to analyse it. 54.9

Sería una buena idea analizarla.

But what peculiar madness could have made both boys jump into the well? 54.10

Pero, ¿qué peculiar locura pudo hacer que ambos chicos saltaran al pozo?

Their deeds were so similar — and the fragments showed that they had both suffered from the grey brittle death. 54.11

Sus actos eran tan similares — y los fragmentos mostraban que ambos habían sufrido la muerte gris y quebradiza.

Why was everything so grey and brittle? 54.12

¿Por qué todo era tan gris y quebradizo?

It was the coroner, seated near a window overlooking the yard, who first noticed the glow about the well. 55.1

Fue el juez de instrucción, sentado cerca de una ventana que daba al patio, el primero que advirtió el resplandor en torno al pozo.

Night had fully set in, 55.2

La noche se había hecho completamente presente,

55.3 and all the abhorrent grounds seemed faintly luminous with more than the fitful moonbeams;

y todo el abominable terreno parecía débilmente iluminado con algo más que los irregulares rayos de luna;

55.4 but this new glow was something definite and distinct, and appeared to shoot up from the black pit like a softened ray from a searchlight, giving dull reflections in the little ground pools where the water had been emptied.

pero este nuevo resplandor era algo definido y distinto, y parecía brotar del negro pozo como un rayo suavizado de un reflector, dando reflejos apagados en los pequeños charcos del suelo donde se había vaciado el agua.

55.5 It had a very queer colour, and as all the men clustered round the window Ammi gave a violent start.

Tenía un color muy extraño, y cuando todos los hombres se agruparon alrededor de la ventana, Ammi dio un violento sobresalto.

55.6 For this strange beam of ghastly miasma was to him of no unfamiliar hue.

Aquel extraño haz de espantosa miasma no le resultaba desconocido.

55.7 He had seen that colour before,

Había visto ese color antes,

55.8 and feared to think what it might mean.

y temía pensar lo que podría significar.

He had seen it in the nasty brittle globule in that aerolite two summers ago, had seen it in the crazy vegetation of the springtime, and had thought he had seen it for an instant that very morning against the small barred window of that terrible attic room where nameless things had happened. 55.9

Lo había visto en el asqueroso glóbulo quebradizo de aquella aerolita hacía dos veranos, lo había visto en la loca vegetación de la primavera, y había creído verlo por un instante aquella misma mañana contra la pequeña ventana enrejada de aquella terrible habitación del desván donde habían ocurrido cosas sin nombre.

It had flashed there a second, and a clammy and hateful current of vapour had brushed past him — and then poor Nahum had been taken by something of that colour. 55.10

Había centelleado allí un segundo, y una corriente de vapor húmedo y odioso había pasado rozándole, y entonces el pobre Nahum había sido tomado por algo de aquel color.

He had said so at the last — said it was like the globule and the plants. 55.11

Lo había dicho al final: dijo que era como el glóbulo y las plantas.

After that had come the runaway in the yard and the splash in the well — and now that well was belching forth to the night a pale insidious beam of the same demoniac tint. 55.12

Después había venido la huida en el patio y el chapoteo en el pozo, y ahora el pozo arrojaba a la noche un pálido rayo insidioso del mismo tinte demoníaco.

56.1 It does credit to the alertness of Ammi's mind that he puzzled even at that tense moment over a point which was essentially scientific.

Es un mérito de la agudeza mental de Ammi que incluso en aquel tenso momento se preguntara sobre un punto que era esencialmente científico.

56.2 He could not but wonder at his gleaning of the same impression from a vapour glimpsed in the daytime, against a window opening in the morning sky, and from a nocturnal exhalation seen as a phosphorescent mist against the black and blasted landscape.

No podía por menos de asombrarse de que obtuviera la misma impresión de un vapor vislumbrado durante el día, contra una ventana que se abría en el cielo matutino, y de una exhalación nocturna vista como una niebla fosforescente contra el paisaje negro y arrasado.

56.3 It wasn't right — it was against Nature — and he thought of those terrible last words of his stricken friend,

No estaba bien, iba en contra de la Naturaleza, y pensó en las últimas y terribles palabras de su afligido amigo:

56.4 "It come from some place whar things ain't as they is here ...one o' them professors said so ..."

"Viene de algún lugar donde las cosas no son como aquí ...uno de esos profesores dijo: ..."

57.1 All three horses outside, tied to a pair of shrivelled saplings by the road, were now neighing and pawing frantically.

Los tres caballos que estaban fuera, atados a un par de arbolillos marchitos junto al camino, relinchaban y daban zarpazos frenéticamente.

The wagon driver started for the door to do something,   57.2

El carretero se dirigió a la puerta para hacer algo,

but Ammi laid a shaky hand on his shoulder.   57.3

pero Ammi le puso una mano temblorosa en el hombro.

"Dun't go out thar," he whispered.   57.4

"No salgas por ahí," le susurró.

"They's more to this nor what we know.   57.5

"Hay más de lo que sabemos.

Nahum said somethin' lived in the well that sucks your life out.   57.6

Nahum dijo que en el pozo vivía algo que te chupaba la vida.

He said it must be some'at growed from a round ball like one we all seen in the meteor stone that fell a year ago June.   57.7

Dijo que debe ser algo que creció de una bola redonda como la que todos vimos en el meteorito que cayó hace un año en junio.

Sucks an' burns, he said, an' is jest a cloud of colour like that light out thar now, that ye can hardly see an' can't tell what it is.   57.8

Chupa y quema, dijo, y no es más que una nube de color como esa luz de ahí fuera ahora, que apenas se puede ver y no se puede decir lo que es.

Nahum thought it feeds on everything livin' an' gits stronger all the time.   57.9

Nahum pensó que se alimenta de todo lo vivo y se hace más fuerte todo el tiempo.

57.10 He said he seen it this last week.
Dijo que lo vio la semana pasada.

57.11 It must be somethin' from away off in the sky like the men from the college last year says the meteor stone was.
Debe ser algo de lejos en el cielo como los hombres de la universidad el año pasado dicen que fue la piedra meteoro.

57.12 The way it's made an' the way it works ain't like no way o' God's world.
La forma en que está hecho y la forma en que funciona no es como en el mundo de Dios.

57.13 It's some'at from beyond."
Es algo del más allá."

58.1 So the men paused indecisively as the light from the well grew stronger and the hitched horses pawed and whinnied in increasing frenzy.
Así que los hombres se detuvieron indecisos mientras la luz del pozo se hacía más intensa y los caballos enganchados daban zarpazos y relinchaban con creciente frenesí.

58.2 It was truly an awful moment;
Era un momento verdaderamente horrible;

58.3 with terror in that ancient and accursed house itself,
con terror en la propia casa antigua y maldita,

58.4 four monstrous sets of fragments -
cuatro monstruosos grupos de fragmentos -

58.5 two from the house and two from the well -
dos de la casa y dos del pozo -

in the woodshed behind, 58.6
en la leñera de detrás,

and that shaft of unknown and unholy iridescence 58.7
from the slimy depths in front.
y aquel rayo de iridiscencia desconocida e impía procedente
de las viscosas profundidades de delante.

Ammi had restrained the driver on impulse, 58.8
forgetting how uninjured he himself was after the
clammy brushing of that coloured vapour in the attic
room, but perhaps it is just as well that he acted as he
did.
Ammi había sujetado al conductor por impulso, olvidando
lo ileso que estaba él mismo tras el roce húmedo de aquel
vapor coloreado en la habitación del desván, pero tal vez
fuera mejor que actuara como lo hizo.

No one will ever know what was abroad that night; 58.9
Nadie sabrá nunca lo que hubo en el exterior aquella noche;

and though the blasphemy from beyond had not so 58.10
far hurt any human of unweakened mind, there is
no telling what it might not have done at that last
moment, and with its seemingly increased strength
and the special signs of purpose it was soon to display
beneath the half-clouded moonlit sky.
y aunque la blasfemia del más allá no había herido hasta
entonces a ningún humano de mente no debilitada, no
se sabe lo que no podría haber hecho en aquel último
momento, y con su fuerza aparentemente aumentada y las
señales especiales de propósito que pronto iba a mostrar
bajo el cielo medio nublado iluminado por la luna.

60.1 All at once one of the detectives at the window gave a short,

De repente,

60.2 sharp gasp.

uno de los detectives de la ventana emitió un jadeo corto y agudo.

60.3 The others looked at him,

Los demás le miraron,

60.4 and then quickly followed his own gaze upward to the point at which its idle straying had been suddenly arrested.

y luego siguieron rápidamente su propia mirada hacia el punto en el que se había detenido de repente.

60.5 There was no need for words.

No había necesidad de palabras.

60.6 What had been disputed in country gossip was disputable no longer, and it is because of the thing which every man of that party agreed in whispering later on, that strange days are never talked about in Arkham.

Lo que se había discutido en los chismorreos del campo ya no era discutible, y es por lo que todos los hombres de aquel grupo estuvieron de acuerdo en susurrar más tarde, que en Arkham nunca se habla de los días extraños.

60.7 It is necessary to premise that there was no wind at that hour of the evening.

Es necesario partir de la premisa de que no había viento a aquella hora de la tarde.

60.8 One did arise not long afterward,

Se levantó uno no mucho después,

but there was absolutely none then. 60.9

pero entonces no había absolutamente ninguno.

Even the dry tips of the lingering hedge-mustard, 60.10
grey and blighted, and the fringe on the roof of the
standing democrat-wagon were unstirred.

Ni siquiera se agitaban las puntas secas de los persistentes
setos de mostaza, grises y marchitos, ni los flecos del techo
del carro demócrata.

And yet amid that tense, godless calm the high bare 60.11
boughs of all the trees in the yard were moving.

Y sin embargo, en medio de aquella calma tensa e impía,
las ramas altas y desnudas de todos los árboles del patio se
movían.

They were twitching morbidly and spasmodically, 60.12

Se agitaban mórbida y espasmódicamente,

clawing in convulsive and epileptic madness at the 60.13
moonlit clouds;

arañando con locura convulsiva y epiléptica las nubes
iluminadas por la luna;

scratching impotently in the noxious air as if jerked 60.14
by some allied and bodiless line of linkage with subterrene horrors writhing and struggling below the
black roots.

arañaban impotentes en el aire nocivo como si estuvieran
sacudidas por alguna línea de enlace aliada y sin cuerpo con
horrores subterráneos que se retorcían y luchaban bajo las
raíces negras.

Not a man breathed for several seconds. 61.1

Ningún hombre respiró durante varios segundos.

61.2 Then a cloud of darker depth passed over the moon,
Entonces,

61.3 and the silhouette of clutching branches faded out momentarily.
una nube más oscura pasó por encima de la luna y la silueta de las ramas se desvaneció momentáneamente.

61.4 At this there was a general cry; muffled with awe, but husky and almost identical from every throat.
Se oyó un grito general, ahogado por el temor, pero ronco y casi idéntico en todas las gargantas.

61.5 For the terror had not faded with the silhouette, and in a fearsome instant of deeper darkness the watchers saw wriggling at the treetop height a thousand tiny points of faint and unhallowed radiance, tipping each bough like the fire of St. Elmo or the flames that come down on the apostles' heads at Pentecost.
Porque el terror no se había desvanecido con la silueta, y en un temible instante de profunda oscuridad los observadores vieron retorcerse a la altura de la copa de los árboles un millar de diminutos puntos de tenue y profano resplandor, inclinando cada rama como el fuego de San Elmo o las llamas que descienden sobre las cabezas de los apóstoles en Pentecostés.

61.6 It was a monstrous constellation of unnatural light,
Era una monstruosa constelación de luz antinatural,

61.7 like a glutted swarm of corpse-fed fireflies dancing hellish sarabands over an accursed marsh;
como un enjambre de luciérnagas alimentadas de cadáveres que bailan sarabandas infernales sobre un pantano maldito;

and its colour was that same nameless intrusion
which Ammi had come to recognise and dread.

61.8

y su color era la misma intrusión sin nombre que Ammi
había llegado a reconocer y temer.

All the while the shaft of phosphorescence from the
well was getting brighter and brighter, bringing to
the minds of the huddled men, a sense of doom and
abnormality which far outraced any image their
conscious minds could form.

61.9

Mientras tanto, el rayo de fosforescencia del pozo se
hacía cada vez más brillante, trayendo a las mentes
de los hombres apiñados una sensación de fatalidad y
anormalidad que superaba con creces cualquier imagen que
sus mentes conscientes pudieran formarse.

It was no longer shining out; it was pouring out; and
as the shapeless stream of unplaceable colour left the
well it seemed to flow directly into the sky.

61.10

Ya no brillaba, sino que se derramaba, y cuando la
corriente informe de color irremplazable abandonó el
pozo, parecía fluir directamente hacia el cielo.

63.1 …and in the fearsome instant of deeper darkness, the watchers saw wriggling at that treetop height, a thousand tiny points of faint and unhallowed radiance, tipping each bough like the fire of St. Elmo …

…y en el temible instante de oscuridad más profunda, los observadores vieron retorcerse a la altura de la copa de los árboles, mil diminutos puntos de débil y profano resplandor, inclinando cada rama como el fuego de San Elmo …

63.2 and all the while the shaft of phosphorescence from the well was getting brighter and brighter and bringing to the minds of the huddled men, a sense of doom and abnormality …It was no longer shining out; it was pouring out; and as the shapeless stream of unplaceable colour left the well, it seemed to flow directly into the sky.

y todo el tiempo el rayo de fosforescencia del pozo se hacía cada vez más brillante y traía a las mentes de los hombres apiñados, una sensación de fatalidad y anormalidad …Ya no brillaba, sino que se derramaba, y cuando la corriente informe de color irremplazable salió del pozo, parecía fluir directamente hacia el cielo.

65.1 The veterinary shivered, and walked to the front door to drop the heavy extra bar across it.

El veterinario se estremeció y se dirigió a la puerta principal para dejar caer sobre ella la pesada barra adicional.

65.2 Ammi shook no less,

Ammi no temblaba menos,

and had to tug and point for lack of a controllable voice when he wished to draw notice to the growing luminosity of the trees. 65.3

y tenía que tirar y señalar a falta de una voz controlable cuando deseaba llamar la atención sobre la creciente luminosidad de los árboles.

The neighing and stamping of the horses had become utterly frightful, 65.4

Los relinchos y los pisotones de los caballos se habían vuelto absolutamente espantosos,

but not a soul of that group in the old house would have ventured forth for any earthly reward. 65.5

pero ni un alma de aquel grupo de la vieja casa se habría aventurado a salir por ninguna recompensa terrenal.

With the moments the shining of the trees increased, 65.6

Con los momentos aumentaba el brillo de los árboles,

while their restless branches seemed to strain more and more toward verticality. 65.7

mientras sus inquietas ramas parecían esforzarse más y más hacia la verticalidad.

The wood of the well-sweep was shining now, 65.8

La madera del pozo brillaba ahora,

and presently a policeman dumbly pointed to some wooden sheds and beehives near the stone wall on the west. 65.9

y en ese momento un policía señaló mudamente unos cobertizos de madera y unas colmenas cerca del muro de piedra del oeste.

65.10 They were commencing to shine, too, though the tethered vehicles of the visitors seemed so far unaffected.

Empezaban a brillar también, aunque los vehículos atados de los visitantes no parecían afectados hasta el momento.

65.11 Then there was a wild commotion and clopping in the road,

Entonces se oyó un alboroto salvaje y un repiqueteo en el camino,

65.12 and as Ammi quenched the lamp for better seeing they realized that the span of frantic grays had broken their sapling and run off with the democrat-wagon.

y cuando Ammi apagó la lámpara para ver mejor se dieron cuenta de que el grupo de grises frenéticos había roto el arbolito y huido con el carro de los demócratas.

66.1 The shock served to loosen several tongues, and embarrassed whispers were exchanged.

La conmoción hizo que varias lenguas se soltaran y se intercambiaron susurros avergonzados.

66.2 "It spreads on everything organic that's been around here,"

«Se propaga por todo lo orgánico que hay por aquí,»

66.3 muttered the medical examiner. No one replied,

murmuró el forense. Nadie respondió,

66.4 but the man who had been in the well gave a hint that his long pole must have stirred up something intangible.

pero el hombre que había estado en el pozo insinuó que su larga pértiga debía de haber removido algo intangible.

"It was awful," he added. "There was no bottom at all. 66.5

«Fue horrible,» añadió. «No había fondo.

Just ooze and bubbles and the feeling of something 66.6
lurking under there."

Solo lodo, burbujas y la sensación de que algo acechaba allí
abajo.»

Ammi's horse still pawed and screamed deafeningly 66.7
in the road outside,

El caballo de Ammi seguía pateando y relinchando
ensordecedoramente en la carretera,

and nearly drowned its owner's faint quaver as he 66.8
mumbled his formless reflections.

y casi ahogaba la débil voz de su dueño mientras
murmuraba sus reflexiones sin forma.

"It come from that stone — it growed down thar — it 66.9
got everything livin' — it fed itself on 'em, mind and
body — Thad an' Merwin, Zenas an' Nabby — Nahum
was the last — they all drunk the water — it got
strong on 'em — it come from beyond, whar things
ain't like they be here — now it's goin' home — "

«Viene de esa piedra, creció allí abajo, se llevó todo lo que
vivía, se alimentó de ellos, mente y cuerpo, Thad y Merwin,
Zenas y Nabby, Nahum fue el último, todos bebieron el
agua, se hizo fuerte con ellos, vino de más allá, donde las
cosas no son como aquí, ahora se va a casa — »

67.1 At this point, as the column of unknown colour flared suddenly stronger and began to weave itself into fantastic suggestions of shape which each spectator later described differently, there came from poor tethered Hero such a sound as no man before or since ever heard from a horse.

En ese momento, cuando la columna de color desconocido se encendió de repente con más fuerza y empezó a entretejerse en fantásticas sugestiones de formas que cada espectador describió después de forma diferente, salió del pobre Héroe atado un sonido como ningún hombre, ni antes ni después, había oído jamás de un caballo.

67.2 Every person in that low-pitched sitting-room stopped his ears, and Ammi turned away from the window in horror and nausea.

Todas las personas que se encontraban en aquella sala de estar aguzaron el oído y Ammi se apartó de la ventana con horror y náuseas.

67.3 Words could not convey it — when Ammi looked out again the hapless beast lay huddled inert on the moonlit ground between the splintered shafts of the buggy.

Cuando Ammi volvió a mirar por la ventana, la desventurada bestia yacía acurrucada e inerte en el suelo iluminado por la luna, entre las astillas de la calesa.

67.4 That was the last of Hero till they buried him next day.

Aquello fue lo último que se supo de Hero hasta que lo enterraron al día siguiente.

67.5 But the present was no time to mourn,

Pero el presente no era momento para lamentarse,

for almost at this instant a detective silently called   67.6
attention to something terrible in the very room with
them.

pues casi en ese instante un detective llamó
silenciosamente la atención sobre algo terrible en la misma
habitación donde se encontraban.

In the absence of the lamplight it was clear that a   67.7
faint phosphorescence had begun to pervade the
entire apartment.

En ausencia de la luz de la lámpara, era evidente que una
débil fosforescencia había comenzado a invadir todo el
apartamento.

It glowed on the broad-planked floor where the rag   67.8
carpet left it bare, and shimmered over the sashes of
the small-paned windows.

Brillaba en el suelo de tablones anchos, donde la alfombra
de trapo lo dejaba al descubierto, y resplandecía sobre los
marcos de las pequeñas ventanas.

It ran up and down the exposed corner-posts,   67.9
coruscated about the shelf and mantel, and infected
the very doors and furniture.

Subía y bajaba por los postes expuestos de las esquinas,
coruscaba sobre la estantería y la repisa de la chimenea, e
infectaba las puertas y los muebles.

Each minute saw it strengthen,   67.10

Cada minuto que pasaba se intensificaba,

and at last it was very plain that healthy living things   67.11
must leave that house.

y por fin se hizo evidente que los seres vivos y sanos debían
abandonar aquella casa.

68.1 Ammi showed them the back door and the path up through the fields to the ten-acre pasture.

Ammi les mostró la puerta trasera y el camino que subía a través de los campos hasta los pastos de diez acres.

68.2 They walked and stumbled as in a dream, and did not dare look back till they were far away on the high ground.

Caminaron y tropezaron como en un sueño, y no se atrevieron a mirar atrás hasta que estuvieron lejos, en el terreno elevado.

68.3 They were glad of the path, for they could not have gone the front way, by that well.

Se alegraron del camino, pues no habrían podido ir por delante, por aquel pozo.

68.4 It was bad enough passing the glowing barn and sheds, and those shining orchard trees with their gnarled, fiendish contours;

Ya era bastante malo pasar por delante del brillante granero y los cobertizos, y de aquellos relucientes árboles frutales de contornos nudosos y diabólicos;

68.5 but thank Heaven the branches did their worst twisting high up.

pero, gracias a Dios, las ramas hacían sus peores torsiones en lo alto.

68.6 The moon went under some very black clouds as they crossed the rustic bridge over Chapman's Brook,

La luna se ocultó bajo unas nubes muy negras cuando cruzaron el rústico puente sobre Chapman's Brook,

68.7 and it was blind groping from there to the open meadows.

y desde allí fue un tanteo ciego hasta las praderas abiertas.

When they looked back toward the valley and the distant Gardner place at the bottom they saw a fearsome sight. 70.1

Cuando volvieron la vista hacia el valle y el lejano lugar de Gardner, en el fondo, vieron un espectáculo espantoso.

All the farm was shining with the hideous unknown blend of colour; 70.2

Toda la granja resplandecía con la horrible y desconocida mezcla de colores;

trees, buildings, and even such grass and herbage as had not been wholly changed to lethal grey brittleness. 70.3

árboles, edificios, e incluso la hierba y los pastos que no habían sido completamente transformados en una letal fragilidad gris.

The boughs were all straining skyward, tipped with tongues of foul flame, and lambent tricklings of the same monstrous fire were creeping about the ridgepoles of the house, barn and sheds. 70.4

Todas las ramas se alzaban hacia el cielo, puntiagudas con lenguas de asquerosa llama, y lambiscentes regueros del mismo monstruoso fuego se arrastraban por las cumbreras de la casa, el granero y los cobertizos.

70.5 It was a scene from a vision of Fuseli, and over all the rest reigned that riot of luminous amorphousness, that alien and undimensioned rainbow of cryptic poison from the well — seething, feeling, lapping, reaching, scintillating, straining, and malignly bubbling in its cosmic and unrecognizable chromaticism.

Era una escena sacada de una visión de Fuseli, y sobre todo lo demás reinaba aquel tumulto de amorfidad luminosa, aquel arco iris ajeno y sin dimensiones de veneno críptico del pozo: algo, sintiendo, lamiendo, alcanzando, centelleando, esforzándose y burbujeando malignamente en su cromatismo cósmico e irreconocible.

71.1 Then without warning the hideous thing shot vertically up toward the sky like a rocket or meteor, leaving behind no trail and disappearing through a round and curiously regular hole in the clouds before any man could gasp or cry out.

Entonces, sin previo aviso, aquella cosa espantosa salió disparada verticalmente hacia el cielo como un cohete o un meteoro, sin dejar rastro y desapareciendo por un agujero redondo y curiosamente regular en las nubes antes de que ningún hombre pudiera jadear o gritar.

71.2 No watcher can ever forget that sight, and Ammi stared blankly at the stars of Cygnus, Deneb twinkling above the others, where the unknown colour had melted into the Milky Way.

Ningún observador puede olvidar jamás aquel espectáculo, y Ammi se quedó mirando sin comprender las estrellas de Cygnus, Deneb centelleando por encima de las demás, donde el color desconocido se había fundido con la Vía Láctea.

But his gaze was the next moment called swiftly to earth by the crackling in the valley.

71.3

Pero al momento siguiente su mirada fue llamada rápidamente a tierra por el crepitar del valle.

It was just that.

71.4

Era sólo eso.

Only a wooden ripping and crackling, and not an explosion, as so many others of the party vowed.

71.5

Sólo un desgarro de madera y un crepitar, y no una explosión, como tantos otros del grupo juraban.

Yet the outcome was the same, for in one feverish kaleidoscopic instant there burst up from that doomed and accursed farm a gleamingly eruptive cataclysm of unnatural sparks and substance; blurring the glance of the few who saw it, and sending forth to the zenith a bombarding cloudburst of such coloured and fantastic fragments as our universe must needs disown.

71.6

Sin embargo, el resultado fue el mismo, pues en un febril instante caleidoscópico estalló en aquella granja condenada y maldita un reluciente cataclismo eruptivo de chispas y sustancias antinaturales, que nubló la vista de los pocos que lo vieron y lanzó hacia el cenit un bombardeo de fragmentos de colores y fantásticos que nuestro universo tendría que repudiar.

Through quickly re-closing vapours they followed the great morbidity that had vanished,

71.7

A través de vapores que volvían a cerrarse rápidamente siguieron al gran morbo que se había desvanecido,

and in another second they had vanished too.

71.8

y en otro segundo ellos también habían desaparecido.

71.9 Behind and below was only a darkness to which the men dared not return, and all about was a mounting wind which seemed to sweep down in black, frore gusts from interstellar space.

Detrás y debajo sólo había una oscuridad a la que los hombres no se atrevían a volver, y todo alrededor era un viento creciente que parecía descender en ráfagas negras y heladas desde el espacio interestelar.

71.10 It shrieked and howled, and lashed the fields and distorted woods in a mad cosmic frenzy, till soon the trembling party realized it would be no use waiting for the moon to show what was left down there at Nahum's.

Chillaba y aullaba, y azotaba los campos y los distorsionados bosques en un loco frenesí cósmico, hasta que pronto el tembloroso grupo se dio cuenta de que sería inútil esperar a que la luna mostrara lo que quedaba allí abajo, en Nahum.

72.1 Too awed even to hint theories,

Demasiado asombrados incluso para insinuar teorías,

72.2 the seven shaking men trudged back toward Arkham by the north road.

los siete hombres temblorosos regresaron a Arkham por el camino del norte.

72.3 Ammi was worse than his fellows, and begged them to see him inside his own kitchen, instead of keeping straight on to town.

Ammi estaba peor que sus compañeros, y les rogó que lo vieran dentro de su propia cocina, en vez de seguir derecho hacia la ciudad.

He did not wish to cross the blighted, wind-whipped woods alone to his home on the main road. 72.4

No quería cruzar solo el bosque asolado y azotado por el viento hasta su casa en la carretera principal.

For he had had an added shock that the others were spared, 72.5

El hecho de que los demás se hubiesen salvado le había producido una conmoción añadida,

and was crushed for ever with a brooding fear he dared not even mention for many years to come. 72.6

y le había aplastado para siempre un miedo inquietante que no se atrevió a mencionar durante muchos años.

As the rest of the watchers on that tempestuous hill had stolidly set their faces toward the road, Ammi had looked back an instant at the shadowed valley of desolation so lately sheltering his ill-starred friend. 72.7

Mientras el resto de los vigías de la tempestuosa colina habían vuelto la vista hacia la carretera, Ammi había mirado un instante hacia atrás, hacia el sombrío valle de la desolación que tanto tiempo atrás había albergado a su malogrado amigo.

And from that stricken, far-away spot he had seen something feebly rise, only to sink down again upon the place from which the great shapeless horror had shot into the sky. 72.8

Y desde aquel paraje afligido y lejano había visto que algo se elevaba débilmente, para volver a hundirse en el lugar desde el que el gran horror informe había salido disparado hacia el cielo.

It was just a colour — but not any colour of our earth or heavens. 72.9

Era sólo un color, pero no el color de la tierra o del cielo.

226

72.10 And because Ammi recognized that colour, and knew that this last faint remnant must still lurk down there in the well, he has never been quite right since.

Y como Ammi reconoció aquel color y supo que aquel débil vestigio debía de estar aún escondido en el pozo, nunca ha vuelto a estar bien desde entonces.

73.1 Ammi would never go near the place again.

Ammi no volvería a acercarse a aquel lugar.

73.2 It is forty-four years now since the horror happened, but he has never been there, and will be glad when the new reservoir blots it out.

Han pasado cuarenta y cuatro años desde que ocurrió el horror, pero él nunca ha estado allí, y se alegrará cuando el nuevo embalse lo borre.

73.3 I shall be glad, too, for I do not like the way the sunlight changed colour around the mouth of that abandoned well I passed.

Yo también me alegraré, porque no me gusta cómo ha cambiado de color la luz del sol alrededor de la boca de aquel pozo abandonado por el que pasé.

73.4 I hope the water will always be very deep — but even so, I shall never drink it.

Espero que el agua sea siempre muy profunda, pero aun así, nunca la beberé.

73.5 I do not think I shall visit the Arkham country hereafter.

No creo que vuelva a visitar el país de Arkham en el futuro.

73.6 Three of the men who had been with Ammi returned the next morning to see the ruins by daylight,

Tres de los hombres que habían estado con Ammi volvieron a la mañana siguiente para ver las ruinas a la luz del día, but there were not any real ruins. 73.7

pero no había ruinas de verdad.

Only the bricks of the chimney, the stones of the 73.8
cellar, some mineral and metallic litter here and
there, and the rim of that nefandous well.

Sólo los ladrillos de la chimenea, las piedras del sótano,
algunos desperdicios minerales y metálicos aquí y allá, y el
brocal de aquel pozo nefando.

Save for Ammi's dead horse, which they towed 73.9
away and buried, and the buggy which they shortly
returned to him, everything that had ever been living
had gone.

Salvo el caballo muerto de Ammi, que remolcaron y
enterraron, y la calesa que poco después le devolvieron,
todo lo que había estado vivo había desaparecido.

Five eldritch acres of dusty grey desert remained, 73.10

Quedaron cinco acres de desierto gris y polvoriento,

nor has anything ever grown there since. 73.11

donde nunca ha crecido nada desde entonces.

To this day it sprawls open to the sky like a great spot 73.12
eaten by acid in the woods and fields,

Hasta el día de hoy se extiende abierto hacia el cielo como
una gran mancha carcomida por el ácido en los bosques y
campos,

and the few who have ever dared glimpse it in spite of 73.13
the rural tales have named it

y los pocos que alguna vez se han atrevido a vislumbrarlo a
pesar de los cuentos rurales lo han bautizado como

"the blasted heath." 73.14

"el brezal maldito."

75.1 The rural tales are queer.

Las historias rurales son extrañas.

75.2 They might be even queerer if city men and college chemists could be interested enough to analyze the water from that disused well,

Serían aún más extrañas si los citadinos y los químicos universitarios se interesaran lo suficiente como para analizar el agua de ese pozo en desuso,

75.3 or the grey dust that no wind seems ever to disperse.

o el polvo gris que ningún viento parece dispersar jamás.

75.4 Botanists, too, ought to study the stunted flora on the borders of that spot, for they might shed light on the country notion that the blight is spreading — little by little, perhaps an inch a year.

Los botánicos también deberían estudiar la flora achaparrada de los bordes de ese lugar, pues podrían arrojar luz sobre la idea rural de que la plaga se está extendiendo poco a poco, tal vez un centímetro al año.

75.5 People say the colour of the neighboring herbage is not quite right in the spring,

La gente dice que el color de la hierba vecina no es el adecuado en primavera,

75.6 and that wild things leave queer prints in the light winter snow.

y que los animales salvajes dejan extrañas huellas en la ligera nieve invernal.

Snow never seems quite so heavy on the blasted
heath as it is elsewhere.

75.7

La nieve nunca parece tan pesada en este brezal como en
otros lugares.

Horses - the few that are left in this motor age -

75.8

Los caballos - los pocos que quedan en esta era del motor -

grow skittish in the silent valley; and hunters cannot
depend on their dogs too near the splotch of greyish
dust.

75.9

se vuelven asustadizos en el silencioso valle, y los cazadores
no pueden confiar en sus perros demasiado cerca de la
mancha de polvo grisáceo.

They say the mental influences are very bad, too;

76.1

Dicen que las influencias mentales también son muy malas;

numbers went queer in the years after Nahum's
taking,

76.2

los números se volvieron locos en los años posteriores a la
toma de Nahum,

and always they lacked the power to get away.

76.3

y siempre les faltó poder para escapar.

Then the stronger-minded folk all left the region, and
only the foreigners tried to live in the crumbling old
homesteads.

76.4

Entonces, todos los más fuertes abandonaron la región, y
sólo los extranjeros intentaron vivir en las viejas granjas en
ruinas.

76.5 **They could not stay, though; and one sometimes wonders what insight beyond ours their wild, weird stories of whispered magic have given them.**

Sin embargo, no pudieron quedarse, y a veces uno se pregunta qué visión más allá de la nuestra les han proporcionado sus salvajes y extrañas historias de magia susurrada.

76.6 **Their dreams at night, they protest, are very horrible in that grotesque country;**

Sus sueños nocturnos, protestan, son muy horribles en ese grotesco país;

76.7 **and surely the very look of the dark realm is enough to stir a morbid fancy.**

y seguramente la sola mirada del reino oscuro es suficiente para despertar una fantasía mórbida.

76.8 **No traveler has ever escaped a sense of strangeness in those deep ravines,**

Ningún viajero ha escapado jamás a una sensación de extrañeza en esos profundos barrancos,

76.9 **and artists shiver as they paint thick woods whose mystery is as much of the spirits as of the eye.**

y los artistas se estremecen al pintar espesos bosques cuyo misterio es tanto de los espíritus como de la vista.

76.10 **I myself am curious about the sensation I derived from my one lone walk before Ammi told me his tale.**

Yo mismo siento curiosidad por la sensación que me produjo mi único paseo solitario antes de que Ammi me contara su historia.

When twilight came I had vaguely wished some clouds would gather, for odd timidity about the deep skyey voids above had crept into my soul.
76.11

Cuando llegó el crepúsculo, deseé vagamente que se formaran nubes, pues se me había metido en el alma una extraña timidez ante los profundos vacíos celestes.

Do not ask me for my opinion. I do not know — that is all.
77.1

No me pida mi opinión. No lo sé, eso es todo.

There was no one but Ammi to question;
77.2

No había nadie más que Ammi a quien interrogar;

for Arkham people will not talk about the strange days,
77.3

porque la gente de Arkham no habla de los días extraños,

and all three professors who saw the aerolite and its coloured globule are dead.
77.4

y los tres profesores que vieron el aerolito y su glóbulo coloreado están muertos.

There were other globules — depend upon that.
77.5

Había otros glóbulos, no lo dudes.

One must have fed itself and escaped,
77.6

Uno debió de alimentarse y escapar,

and probably there was another which was too late.
77.7

y probablemente hubo otro que llegó demasiado tarde.

No doubt it is still down the well — I know there was something wrong with the sunlight I saw above that miasmal brink.
77.8

Sin duda sigue en el pozo; sé que había algo malo en la luz del sol que vi por encima de ese borde miasmal.

77.9   **The rustics say the blight creeps an inch a year,**
Los rústicos dicen que el tizón avanza un centímetro al año,

77.10   **so perhaps there is a kind of growth or nourishment even now.**
así que tal vez haya algún tipo de crecimiento o alimento incluso ahora.

77.11   **But whatever demon hatchling is there,**
Pero cualquiera que sea la cría demoníaca que hay allí,

77.12   **it must be tethered to something or else it would quickly spread.**
debe estar atada a algo o de lo contrario se extendería rápidamente.

77.13   **Is it fastened to the roots of those trees that claw the air?**
¿Está sujeta a las raíces de esos árboles que arañan el aire?

77.14   **One of the current Arkham tales is about fat oaks that shine and move as they ought not to do at night.**
Uno de los cuentos actuales de Arkham trata de robles gordos que brillan y se mueven como no deberían hacerlo de noche.

78.1   **What it is, only God knows.**
Lo que es, sólo Dios lo sabe.

78.2   **In terms of matter I suppose the thing Ammi described would be called a gas, but this gas obeyed laws that are not of our cosmos.**
En términos de materia, supongo que lo que Ammi describió se llamaría gas, pero este gas obedecía a leyes que no son de nuestro cosmos.

This was no fruit of such worlds and suns as shine on the telescopes and photographic plates of our observatories.

78.3

No era fruto de mundos y soles como los que brillan en los telescopios y las placas fotográficas de nuestros observatorios.

This was no breath from the skies whose motions and dimensions our astronomers measure or deem too vast to measure.

78.4

No era un soplo de los cielos cuyos movimientos y dimensiones miden nuestros astrónomos o consideran demasiado vastos para medirlos.

It was just a colour out of space — a frightful messenger from unformed realms of infinity beyond all Nature as we know it;

78.5

Era sólo un color del espacio, un espantoso mensajero de reinos infinitos sin forma, más allá de toda la Naturaleza tal como la conocemos;

from realms whose mere existence stuns the brain and numbs us with the black extra-cosmic gulfs it throws open before our frenzied eyes.

78.6

de reinos cuya mera existencia aturde el cerebro y nos adormece con los negros abismos extracósmicos que abre ante nuestros ojos frenéticos.

I doubt very much if Ammi consciously lied to me, and I do not think his tale was all a freak of madness as the townsfolk had forewarned.

79.1

Dudo mucho que Ammi me mintiera conscientemente, y no creo que su historia fuera un capricho de la locura, como había advertido la gente del pueblo.

79.2 Something terrible came to the hills and valleys on that meteor,

Algo terrible llegó a las colinas y los valles con aquel meteoro,

79.3 and something terrible - though I know not in what proportion -

y algo terrible - aunque no sé en qué proporción -

79.4 still remains. I shall be glad to see the water come.

aún permanece. Me alegraré de ver llegar el agua.

79.5 Meanwhile I hope nothing will happen to Ammi.

Mientras tanto, espero que no le pase nada a Ammi.

79.6 He saw so much of the thing — and its influence was so insidious.

Vio tanto de esa cosa, y su influencia fue tan insidiosa.

79.7 Why has he never been able to move away?

¿Por qué nunca ha sido capaz de alejarse?

79.8 How clearly he recalled those dying words of Nahum's — "can't git away — draws ye — ye know summ'at's comin', but 'tain't no use — " Ammi is such a good old man — when the reservoir gang gets to work I must write the chief engineer to keep a sharp watch on him.

Con cuánta claridad recordaba aquellas agonizantes palabras de Nahum: "No puedo alejarme, te atrae, sabes que viene algo, pero no sirve de nada".

I would hate to think of him as the grey, twisted, brittle monstrosity which persists more and more in troubling my sleep. .

79.9

Ammi es un anciano tan bueno que cuando la cuadrilla del embalse se ponga a trabajar debo escribir al ingeniero jefe para que lo vigile de cerca. Odiaría pensar en él como la monstruosidad gris, retorcida y quebradiza que persiste cada vez más en perturbar mi sueño.

THE END

80.1

EL FIN

Möwenstein Books

www.mowenstein.com

Renowned Authors

H. G. Wells • Ernest Hemingway
H. P. Lovecraft • Lewis Carroll
Franz Kafka • Friedrich Nietzsche
Albert Einstein • Oscar Wilde
Hans Christian Andersen

Notable Works

Frankenstein • *Alice in Wonderland*
Heart of Darkness • *The Great Gatsby*
Siddhartha • *The Metamorphosis*
Thus Spoke Zarathustra

Translation Services

We offer translation services in various languages, including German, Spanish, Chinese, Korean, Arabic, and more. For custom translations or revisions, please contact us at:

Email: translation@mowenstein.com

Our Collections

Franz Kafka Collection

- The Metamorphosis / Die Verwandlung
- The Trial / Der Prozess
- The Castle / Das Schloss
- and many more...

Pakt mit dem Teufel

- Faust Parts I & II by Johann Wolfgang von Goethe
- Doctor Faustus by Christopher Marlowe

Portraits of Irishmen

- The Picture of Dorian Gray by Oscar Wilde
- A Portrait of the Artist as a Young Man by James Joyce

Children's Classics

- Winnie-the-Pooh / Pu der Bär
- Brothers Grimm Fairy Tales
- Fairy Tales Told for Children
    - Author: Hans Christian Andersen

Visit Us

At Möwenstein Books, we are committed to providing high-quality bilingual editions of classic works. Explore our collections and discover more titles across various genres and languages.

Website: www.mowenstein.com